セーラー服の社会史

大阪府立清水谷高等女学校を中心に

井上晃

青弓社

セーラー服の社会史——大阪府立清水谷高等女学校を中心に

目次

終章　制服の今後について……136

カバー写真——朝日新聞社提供

デザイン——山田信也

まえがき

本書を手に取っていただき、ありがとうございます。

著者は、大阪府立清水谷高等女学校とその後身である府立清水谷高等学校の女子制服について歴史や変遷を調べてみました。資料としていただけるようなものではないかもしれませんが、読者にとって何らかのお役に立てば幸いです。

あたった資料のほとんどは、同校の同窓会館にある歴史資料室から得たものです。

写真1　大阪府立清水谷高校の制服（著者撮影）

写真2　大阪府立清水谷高等学校・
高等女学校同窓会館「済美館」外観
（著者撮影）

写真3　同会館１階「歴史資料室」
（著者撮影）

第1章　セーラー服の歴史

1　子ども服になったセーラー服

海員服として生まれたセーラー服の正規の軍服化は十九世紀中頃

セーラーカラーと呼ばれる大きな襟と、「被り（かぶり）」のボディーをもつ作業衣を海員が着用するようになったのは、十九世紀のヨーロッパでのことといわれています。海員とひと言でいっても、sailor とは甲板員のことで、セーラー服も甲板員の作業に適するように工夫と改良が重ねられたものと考えられます。

また、商船ばかりが船だったわけではなく、海賊船にもセーラー服を着た男たちが乗っていたようです。

一八五七年、イギリス海軍が水兵の制服にセーラー服を採用しました。以来、世界中の海軍がこれをまねたために、セーラー服は軍服の一つであると思われがちです。しかしながら、その後も民間の船員には着られていました。

日本では、幕府の海軍のときから甲板員はセーラー服を着ていたようです。

函館戦争（一九六八―六九年）で戦った旧幕府軍の軍艦には、セーラー服を着用した水兵がい

写真4　エドワード7世の肖像画。下級船員の作業服を皇太子に着せたというのは、いまでいうコスプレですが、この絵がセーラー服を上流階級の子ども服に押し上げたともいわれています（出典：エリザベス・ユウィング『こども服の歴史』能澤慧子／杉浦悦子訳、東京堂出版、2016年）

たといいます。新政府軍側の海軍についての資料は未見ですが、こちらも多くが、幕府の海軍伝習所や海軍操練所出身者なので、服装はそれほど異なったものではなかったのではないかと思います。

西欧上流社会の子ども服として広まったセーラー服

上流階級の子ども服にセーラー服が使用されたきっかけは、イギリスのヴィクトリア女王が、これを子ども服に仕立てて王子たちに着せたことによるといわれています。

一八四六年の夏、女王の長男で皇太子だったエドワード王子が、王室のヨット「ヴィクトリア・アンド・アルバート号」でアイルランドへの航海をした際、乗組員が王子に小さなセーラーウエアをプレゼントしました。これが王子のお気に入りになり、航海中ずっと着ていたといいます。乗組員の「しゃれ」が、思わぬ結果になってしまったようです。フランツ・ヴィンターハルターが皇太子がセーラー服を着た肖像を描き、これがたいへん評判になります。

このときのセーラー服は、ヨットの乗組員が妻に縫わせたようなものではなかったようです。「王子の衣装は、海軍の制服を厳密に模した物で、白で、ベルボトムのズボン、上着には大きなセーラー衿がついていて、ネッカチーフは正式に結ぶ。幅広のセーラー・ハットをかぶる。残念ながら、帽子の下には長いカールの髪が垂れている。アメリカの服装史家R・ターナー・ウイルコックスは、これは、ボンド・ストリ

写真5　ヴィクトリア時代のロイヤルファミリーです。中央の大柄な女性が女王。彼女は王子4人と王女5人を産みました。この銅版画に描かれた子どもたちのうち、男の子はセーラー服か海軍士官の軍服を模したものを着用し、女の子はドレス姿ですね
（出典：M.W.Ridley, “Her majesty Queen Victoria and the members of the royal family,” 1877, Library of Congress Prints and Photographs Division.）

写真6　こちらは、そのエドワード7世がキングになってからの写真です。いちばん右に立っているのがエドワード7世、中央右の子が孫で皇太子エドワード8世、後ろにいるのが弟のアルバート（のちにジョージ6世として即位）です
（出典：「デイリー・テレグラフ」1908年〔発行日不詳〕）

写真7　ロシア帝国ロマノフ王朝最後の皇太子となったアレクセイ・ニコラエヴィッチ・ロマノフ。イギリスのヴィクトリア女王のひ孫にあたります。この写真が撮られたのは1915年とされているので、10歳から11歳の姿と思われます
（出典：撮影者不詳。肖像写真）

写真8　プロイセン皇帝ヴィルヘルム2世の家族写真。1896年撮影とあるので、まだドイツ皇帝になる前のプロイセン皇帝の時代です。ヴィルヘルム2世は、子どもの頃に祖母であるヴィクトリア女王からセーラー服を贈られたことがあるそうで、自分も子どもたちに着せているんですね。こういうファミリーの写真を撮影するときに着ていたセーラー服は、フォーマルな衣装になっていたということでしょう（ドイツ連邦公文書館所蔵）

写真9　このセーラールックの少年は日本の裕仁皇太子、のちの昭和天皇です。日本でも、子ども服にセーラー服が取り入れられました。1904年（明治37年）頃の写真
（出典：永栄潔編『朝日クロニクル　週刊20世紀055――皇室の100年』朝日新聞社、2000年）

ートの仕立て屋が、王子のためにデザインして仕立てたものだったと述べている」[1]という記載が、服飾研究家エリザベス・ユウィングの著書『こども服の歴史』にあります。

王子がこのセーラー服を好んだのと同じくらい、ヴィクトリア女王もこれが気に入り、イギリス王室の子どもたちに着させたばかりでなく、親戚筋であるロシアやプロイセンの王室にも子ども服に仕立てたセーラー服を贈りました。

こうして、セーラー服は子ども服に姿を変えて、上流階級に流行することになったのです。

セーラー形子ども服は、すぐに大衆化

「王室が先鞭をつけたこのファッションを国民が大変な情熱をもって追随したので、セーラー服は男の子のファッションの主流となり、やがて女の子にまで広がった」[2]と先述の『こども服の歴史』にあります。子ども服ファッションとしてのセーラー服のイギリスでの流行はたいへんなもので、「一八八〇年から二十世紀にいたる間に、セーラー服を着たこども時代の写真が見られない有名人はほとんど一人もいない」[3]という状況をも生み出しました。

また、このファッションは、服飾史上初めて上下の階級差を一掃してしまうことにもなりました。それまでは、子ども服に限らず、服装は身分を示すものでした。

窮屈だったり動きにくかったりした子ども服に比べて、セーラー服は着心地がよく、どこへ行くにもおかしくなく雰囲気もよかったので、子どもたちにも親たちにも好まれたのです。セーラー服は縫製が容易だったこと、型紙が発売されて母親たちが自分の子どものために作ることができたこと、また一八九〇年代になるとミシンが大衆化してきたことも、これに拍車をかけました。

写真10　このイラストは1890年代に市販されていたパターン（型紙）集の仕上がり見本です。幼児のパターンですね。アメリカのもの（アメリカのオークションサイト「ebay」に出品されたもの。2012年2月14日出品）

写真11　こちらは1920年代のパターンで、同じくアメリカのものです。生地の切り抜きの絵が見えますが、昔はこのような型紙を使って、衣服を縫製していたのですね（アメリカ・マッコール社、1921年8月16日発行）

写真12　1920年代のドイツの小学生。ランドセルを背負い、手には入学の記念品を抱えています（当時の写真はがき。前掲サイトに出品されたもの。2012年6月12日出品）

写真13　通販のアンティークショップに出品されていた1920年代のセーラー形子ども服。凝った作りになっています（同サイトに出品されたもの。2010年11月13日出品）

美少年とセーラー服

二十世紀初め、ヨーロッパでは美少年とセーラー服の組み合わせが絵画などで流行しました。写真14・15は、一九七一年のイタリアとフランスの合作映画『ベニスに死す』（監督：ルキノ・ヴィスコンティ）からのものです。時代設定は一〇年代で、当時の上流階級の服飾を丁寧に再現したといわれています。主人公の老作曲家がベニスで見かけた美少年に恋い焦がれるというストーリーですが、真っ白なセーラールックが、少年の美しさを際立たせています。また、紺もしくは黒の「冬服」バージョンもありました。

写真14・15　映画『ベニスに死す』（監督：ルキノ・ヴィスコンティ、1971年）の一場面

写真16　映画『小公子』（監督：ジョン・クロムウェル、1936年）のワンシーンです。この子も美少年ですね

写真17　ウィーン少年合唱団の冬服
（出典：「オーストリアフォーラム」〔https://www.austria-forum.org〕［2020年3月31日アクセス］）

ウィーン少年合唱団と映画『サウンド・オブ・ミュージック』

ウィーン少年合唱団でセーラー服を用いるようになったのは一九二四年からです。それまでは陸軍士官の軍服を模した服装でしたが、合唱団を庇護していたオーストリア＝ハンガリー二重帝国が第一次世界大戦の敗戦によって消滅してしまったので、合唱団も一旦は解散しました。しかし、これを惜しんだ一人の聖職者によって合唱団が再結成されることになり、このとき、セーラー服が制服とされました。宮廷ではなく、一般の市民に支えられる合唱団に生まれ変わる際、いかつい軍服ではなく、かわいい男の子の服としてのセーラー服がふさわしいと考えられたのではないでしょうか。

また、映画『サウンド・オブ・ミュージック』（監督：ロバート・ワイズ、一九六五年）も、同じくオーストリア＝ハンガリー二重帝国消滅後のオーストリアが舞台のミュージカルです。主人公が家庭教師として赴任した海軍大佐の家には七人の子どもがいて、同じような服装で登場します。

この物語のモデルになったフォン・トラップ家は、ナチスに併合されたオーストリアから亡命し、アメリカに渡って「トラップファミリーシンガーズ」という名前で舞台に立ち、人気を博しました。写真20はオーストリアからの亡命前のもので、実際に家のなかでも子どもたちはセーラー服を着ていたことがわかります。

写真18　ウィーン少年合唱団の夏服
（出典：https://mainsammelsuriumblog.wordpress.com/catgory/wiener-saengerknaben/［2020年4月2日アクセス］）

写真19　映画『サウンド・オブ・ミュージック』（監督：ロバート・ワイズ、1965年）の大佐の7人の子どもたち

写真20『サウンド・オブ・ミュージック』のモデルになったフォン・トラップ家の子どもたち
（出典：Agathe Van Trapp, "Memories Before and After the Sound of Music,"Hillsboro Pr, 2003.）

2 体操服からレディースファッションへの展開

欧米での女子体操服の変遷とファッション化

ヨーロッパの女子教育が本格的に始まったのは十九世紀半ばのことでした。上流階級の子女が通う学校では、初めの頃は華麗なドレスを着ていたようで、制服はなかったようです。しかし、運動がしにくいことから、体操服を制定する学校が現れました。

体操服として女学校に採用されたのは「ジムスリップ」(gymslip) でした。日本ではジャン

写真21　初めは制服というものはなく、女生徒たちはロングドレスを着て通学していました。これでは、運動には向いていませんね
(出典：イギリス BBC-Elementary Education - Victorian British サイト［2004年1月11日アクセス］〔現在はリンク切れ〕)

写真22　これが体育の時間のようです。North London School 1882 とあります。ドレスにベルトを締めただけのような感じです
(出典：イギリス BBC-Bitesize Primary History - Victrian British［https://www.bbc.co.uk/bitesize/topics/zcjxhyc/resorces/］［2010年7月1日アクセス］)

写真23　ジャンパースカートは、もともとは女学生の体操服でした。1880年に、ロンドン近郊のハムステッド地区の体育教師が採用したといわれています。今日の感覚からすれば、これが体操服？というところですが、前の銅版画に描かれた様子に比べれば、向上したといえるでしょう
（出典：*todays Thrift Score...the Vintage Gymslip,*〔http://kyjunker.blogspot.com/2012/09/todays-thrift-scorevintage-gymslip.html〕［2010年7月1日 アクセス］）

写真24　1930年代の体育の授業風景
（出典：同サイト）

写真25　1929年のシドニー大学の女子学生
（出典：Sam Hood,"Five schoolgirl hockey players enjoy a glass of lemonade, Sydney University,"The collection of the State Library of New South Wales.）

写真27　1916年に撮られた、Oberlin College（アメリカ）のバスケットボールクラブ
（出典：“Sidwell Friends girls’ basketball team (1917)”〔https://ghostsofdc.org/wp-content/uploads/sites/7/2012/02/sidwell-friends-girls-1917.jpg〕［2020年6月9日アクセス］）

写真26　Decatour High School Girls Basketball team（アメリカ）1920-21。黒もしくは紺と思われるセーラー服とブルマーと運動靴の生徒たちは選手。列のいちばん後ろの人はコーチで、白のセーラー服にスカート、それに革靴です
（出典：“Decatur High School, Decatur, Indiana Girls Basketball Team 1920-21,” *1922 Decatour High School Year Book online*〔http://www.familyoldphotos.com/files/images/0915/decaturIN001lg.preview.jpg〕［2020年6月9日アクセス］）

パースカート、略して「ジャンスカ」とも呼ばれるものです。英語では pinafore dress、アメリカ英語では jumper dress とも呼ばれます。

しかし、このジムスリップが体操服として盛んに使われたのは一九二〇年から三〇年ぐらいまででした。やはり裾がスカートでは、より激しい運動には適さなかったのです。

そして、ジムスリップにかわって女学校に採用されたのは、上下に分かれた体操服でした。ボトムスには、ブルマー（Bloomer）を着用しました。

ブルマーは、アメリア・ジェンクス・ブルーマーという、アメリカの女性解放運動家が発案したという説からブルマー、あるいはブルマースと呼ばれるもので、だぶつきがあるニッカポッカズボンにも似たものでした。

ジムスリップよりも運動に適した体操服としてブルマーが採用されはじめたのは二十世紀に入ってからで、各国の女学校に徐々に広まっていきました。シャツとの組み合わせも多かったのですが、セーラー服をブルマーと組み合わせて着ることも流行しました。

セーラー服とブルマーで生き生きと活動する女学生の写真を見ていきましょう。

写真29　シアトルのセントニコラススクールのバスケットボールチーム、1922年
（出典：“HistoryLink”〔https://www.historylink.org/File/10715〕［2020年4月2日アクセス］）

写真28　これもアメリカのハイスクールのバスケットボールチームの写真。右の写真に比べると、ブルマーの丈が短くなっています。それだけ、激しく動く強いチームだったのかもしれません
（出典：“All the way to state with Texas high school basketball!”〔https://www.statesman.com/news/20170312/all-the-way-to-state-with-texas-high-school-basketball〕［2020年6月9日アクセス］）

写真30　OxfordのHilda's Collegeのボート部の練習風景、1920年代
（出典：St.Hilda's College Boat Clubのインスタグラムから〔https://www.instagram.com/p/Buv1nFSlpYw/〕［2020年5月31日アクセス］）

写真31　1916年に撮影されたキングジョージハイスクール（バンクーバー）のフィールドホッケーチーム
（出典：https//www.hockeygods.com/images/12776-king-George-High-School-Hockey-Team-1916［2020年4月2日 アクセス］）

写真32　1920年頃のファッションイラスト
（出典：“Vintage1921 1920's Fashion Cloths”〔http://www.thepeoplehistory.com/1921fashions.html〕［2020年5月1日アクセス］）

写真33　通信販売会社シアーズ＆ロウバック社のカタログ「アドミラル」ブランドのミディブラウス。かわいいイラストです。すでにいろいろなバリエーションが生まれていますが、総じて丈が長く、またネクタイが大きいのがこの時代の特徴のようです

写真34　別の通信販売会社のカタログの表紙。「女学生のミディブラウス」と表題があるカタログになっています。1918年、アメリカ
（出典：“The Vintage Traveler”〔https://thevintagetraveler.wordpress.com/2012/09/11/lombard-middy-brouses-for-the-college-girl/〕［2020年5月2日アクセス］）

体操服からガールズのファッションへ──アメリカでの大きな変化、ミディブラウスの流行

このようなスポーツウェアの流れは、女の子の日常のファッションにもすぐに取り入れられました。

一九二〇年頃のファッションイラストを見ていきましょう。

記事には「一九二〇年ごろ、ジャンパーブラウスが紹介されるや、たちまち人気を博した。ほとんどのものがコットンかシルクで作られ、上着にはセーラーカラーが施されていた」とあります。上着は、スカートとの組み合わせのため、腰のあたりまで丈があり、ベルトやサッシュが付いていました。イラストや写真には、かなり長めの上着を腰あたりで折り返しているものが見られます。

写真35　このハイスクールはアメリカのペンシルバニア州にあります。指定制服はなく、いろいろな服を着ていますが、女の子はほとんどがミディブラウスのようです
（出典：“Port Allegany, PA High School Freshman Class 1915-16,”Family Old Photos. com〔http://www.familyoldphotos.com/photo/pennsylvania/19425/port-allegany-pa-high-school-freshman-class-1915-16〕［2010年11月2日アクセス］）

写真36　アメリカのヴァージニア州のST Ann's Belfield Schoolのウェブサイトから。上衣はミディで、下はプリーツスカートのように見えます
（出典：St. Anne's-Belfield School,“History”〔https://www.stab.org/explore/history〕［2010年11月2日アクセス］）

写真37　1910年代のアメリカの「Gunston Hall Preparatory School」と題された写真です。プレパラトリースクールというのは大学進学を目指す私立学校で、当時、この学校に入学するのは上流階級の秀才だったといいます。すでにセーラー服にもいろいろなバリエーションができていることがうかがえます
（出典：http://archive-hot.blogspot.com/2010/10/gunston-hall-preparatory-school-c1905.htm［2020年5月26日アクセス］）

写真38　ドイツ、ライプチヒ市の1907年頃の改良女児学校服。左が「学校内及戸外女児服」、右が「遊戯及体操学校女児服」だそうです。上着はセーラー服で、下は、学生服のときはスカート、体操服のときはブルマーを着用したようです。このような組み合わせは、日本でものちに試行されていきました
（出典：「育児日記　親ごころdaily-sumus」〔http://sumus.exblog.jp/16106093/〕［2017年2月17日アクセス］）

写真39　カナダ、モントリオールのハイスクール女学生。1926年の写真です
（出典："McCord Museum"〔http://collection.mccord.mcgill.ca/en/collection/artifacts/11-270948〕［2016年11月4日アクセス］）

これらは「ミディブラウス」と呼ばれました。middy とは、海軍士官学校卒の見習士官を指す俗語だそうです。スマートなスタイルは、型紙や既製服の通信販売によって全米に広がっていきました。

そして、流行のミディブラウスを着てハイスクールに通う女生徒が増え、なかにはそれを制服にした学校もありました。

注

（1）エリザベス・ユウィング『こども服の歴史』能澤慧子／杉浦悦子訳、東京堂出版、二〇一六年、一一五ページ
（2）同書一一五ページ
（3）同書一一七ページ
（4）"The Vintage Traveler"（https://thevintagetraveler.wordpress.com/ tag/lombard-middy-brouse/）［二〇二〇年五月十二日アクセス］（著者訳）

写真40　1935年に撮影されたハンガリーのロイヤル自由貿易高等学校の女生徒たち
（出典："FORTEPAN"〔http://www.fortepan.hu/advanced-search?Advancedseach%5Btag%5D=matrozbliuz〕［2020年4月20日アクセス］）

写真41　こちらも1935年撮影のハンガリーの女生徒。ニーゼルハーザ・ルーテル・コスラスホス高校の女生徒です
（出典：同サイト［2020年5月28日アクセス］）

写真42　1916年に撮影された、マイアミ大学Alethenai Societyの写真。この大学はフロリダ州のマイアミ大学ではなく、イリノイ州立の歴史ある大学です
（出典：https://www.flickr.com/photos/muohio-digital-collections/3190742495/［2020年3月29日アクセス］）

第2章

日本の女学生の制服の流れ

1 明治―大正期の服装

明治期の女学生の服装

明治期の女子中等教育は、官立の学制が右往左往しながらも、ようやく東京女子師範学校の設立を一八八二年（明治十五年）におこない、その際に「高等女学校」の教育課程を定めたところから本格的にスタートしました。また、府県による高女も徐々に開校していきました。しかし、女子教育の実績を先にあげていたのは、キリスト教の学校でした。各地の居留地に小規模な私塾が開かれ、それがやがて女学校に発展していったのです。

東京女子師範学校は、わが国最初で唯一の、女性教員養成機関でした。設立当時、この学校に通う生徒は外交官など上流階級の子女に限られていました。当時の外交施設だった鹿鳴館の舞踏会に動員されるほどで、写真43は一八九〇年（明治二十三年）の卒業写真ですが、まさに鹿鳴館ファッションです。

しかし、鹿鳴館をはじめとする欧化政策は、文部大臣・森有礼の暗殺などによって急速に衰えます。こうしたことから、師範学校の鹿鳴館スタイルの洋装はおこなわれなくなります。教

写真43　1890年（明治23年）、東京女子師範学校の卒業写真
（出典：「写真葉書」〔https://www.pinterest.at/pin/391742867579998937/〕［2020年5月31日アクセス］）

（明治廿三年三月本校卒業者）

写真44　江戸時代の女性ではありません。1880年（明治13年）に同志社女学校を卒業した生徒たちです。髪形も着物も「女学生」のイメージからは遠いものですが、初めはこういうスタイルだったのでしょう
（出典：「同志社女子大学」〔https://www.dwc.doshisha.ac.jp/about/publicity/publication/125_years/chapter1_4〕［2020年5月31日アクセス］）

写真45　北海道のスミス女学校（のちの北星学園）の1890年（明治23年）卒業生。着物姿ですが、髪形が束髪になってきました。履き物も、洋靴が普及してきたことがうかがえます
（出典：北星学園女子中等高等学校「制服」〔http://www.hokusei-ghs-jh.ed.jp/examinee/uniform/〕［2020年5月31日アクセス］）

育勅語発布に代表される教育の国粋化が学校の服装にも影響を与え、師範学校でも和服が着用されました。

ただ、和服の着流しでは通学や椅子に座ったりするには不向きということで、さまざまな改良や工夫がおこなわれました。代表的なものは、袴の着用でした。洋服になる前の女学生ファッションというと、袴姿を思い浮かべる方も多いのではないでしょうか。

しかし、袴が女学生のスタイルとして確立するまでには、紆余曲折がありました。

明治政府は、女学校に対して袴の着用を許可していました。しかし、袴は男がはくものという考えが普通だったため、女性が身に着けることについては「醜くあらあらしいもの」であり、許されないとする声が上がりました。

そのため、一度は女学生の服装として用いられた袴を、一八八三年（明治十六年）に政府が禁止してしまいます。

写真46　跡見学園が1899年（明治32年）に制定した黒紋付き式服。「黒木綿五つ紋の着物に白キャラコの襦袢を重ねたものを生徒の式服と決めた。生徒はこれに平常時の袴をあわせて卒業式等に臨んだ」
（出典：「跡見学園の歩み」「跡見学園」〔http://www.atomi.ac.jp/progress/visual_identity/uniform.html〕［2015年5月31日アクセス］）

ところが、一校についてだけ、袴の着用を認めた女学校がありました。華族女学校、のちの学習院女子中・高等科です。宮家や華族の女性は宮中の儀式には袴姿を正装として出席していました。そのため、その子女が通う華族女学校だけに特例として袴姿を許すことになったのです。世間も、この女学校は恐れ多くて袴を非難するようなことができなかったのではないかと思われます。

それでも、通学したり、学校で椅子に座ったりする際に、着流し姿では不都合があるため、華族女学校以外の女学校でも徐々に袴が着用されるようになりました。

東京の跡見学園では、それまでの袴を改良して、一八九九年（明治三十二年）に紫色の袴を制服として正式に制定しました。これにならって、多くの女学校が袴を採用していきました。

写真47　1907年（明治40年）、栃木県立宇都宮高等女学校。袴を着用した女学生です。着物の柄はバラバラですが、袴は同じ色でそろえられていたように見えます
（出典：「明治40年・祖母・高等女学校 1907」「Web Magagine 昭和からの贈りもの」〔http://syowakara.com/01meiji/meiji06school.htm〕［2020年5月31日アクセス］）

写真48　福井県立丹生実科高等女学校。石田縞と呼ばれる地元特産の織物を用いた着物が制服に指定されました。袴と併用され、非常に人気があったそうです
（出典：「石田縞の歴史 02.石田縞の発達と学校縞」「協同組合鯖江市繊維協会」〔http://s-senkyo.com/isida/rekisi/rekisi02.html〕［2018年5月31日　アクセス］）

写真49　1912年（大正元年）、愛媛県の済美高等女学校。袴に2本の白いラインが入っています。こちらでは、この袴が制服とされましたが、着物についての指定はなかったようです。このようなラインが入った袴は、全国の高女に普通に見られるものでした
（出典：愛媛県生涯学習センター編「えひめ、その装いとくらし（1）——世相を反映する制服」「愛媛県生涯学習システム」第61号、愛媛県生涯学習センター、2005年〔https://www.i-manabi.jp/system/HON/SONOTA79_4.html〕［2020年5月31日アクセス］）

明治45年　　大正３・４年

写真50　同じく済美高女制服の変遷の一部です。1912年（明治45年）には大きかった袂が14、15年（大正3、4年）には筒袖に変わり、着物の着方にも変化が見られます
（出典：同ウェブサイト）

当時の女学生の制服というのは主に袴だけであり、上の着物は特に定めていないところがほとんどでした。袴の色をスクールカラーにした女学校もあります。

袴が定着すると、次は、着物の袖の改良が始まりました。着物特有の大きな袂をやめて、筒袖といわれる軽快な袖に変わっていきました。

もともとは、袂の大きな和服を着ていた女学生ですが、一九〇〇年代から一〇年代にかけて筒袖の着物が主流になっていきます。やはり運動しやすいというのが理由ですが、これも本来の和服の定義から見れば「作業服」の範疇に入るものでした。

一九一〇年代から二〇年代半ばの女学生の通常の服装は、マンガで見るような華美なものではなく、むしろ地味で実用的なものだったようです。ただ、富裕層の子女が通う東京の一部の私学では、豪華な和服を着用することが流行し、昭和になってもなかなか洋服化できなかった女学校もあったようです。

写真51　東京府立第四高等女学校（現在の東京都立南多摩高等学校）の大正時代の通学スタイル。袖が筒袖になっています。袴には裾にラインが入っています。このスタイルが写真52の制服に変わりました
（出典：「南高のあゆみ ①府立第四高女開校——明治から大正へ」「南高グラフィティ」〔http://www.akanekai.org/ayumi/ayumi01.htm〕［2020年5月31日アクセス］）

写真52　この一見ジャケット風に見える服装は、改良された和服による女学校の制服です。これは第四高女で、1920年代から30年代まで着用されました。短めの筒袖、スカートと見まがう、短くてプリーツがある裾、腰のベルトなどに目がいくのですが、やはり着物です。過渡期のものではあるのですが、よく考えられたいい制服だと思います。当時、洋服化にはまだまだ抵抗がある地域も多く、そのため、このような「改良服」の試みがなされました。髪形もずいぶん簡単になってきました
（出典：同ウェブサイト）

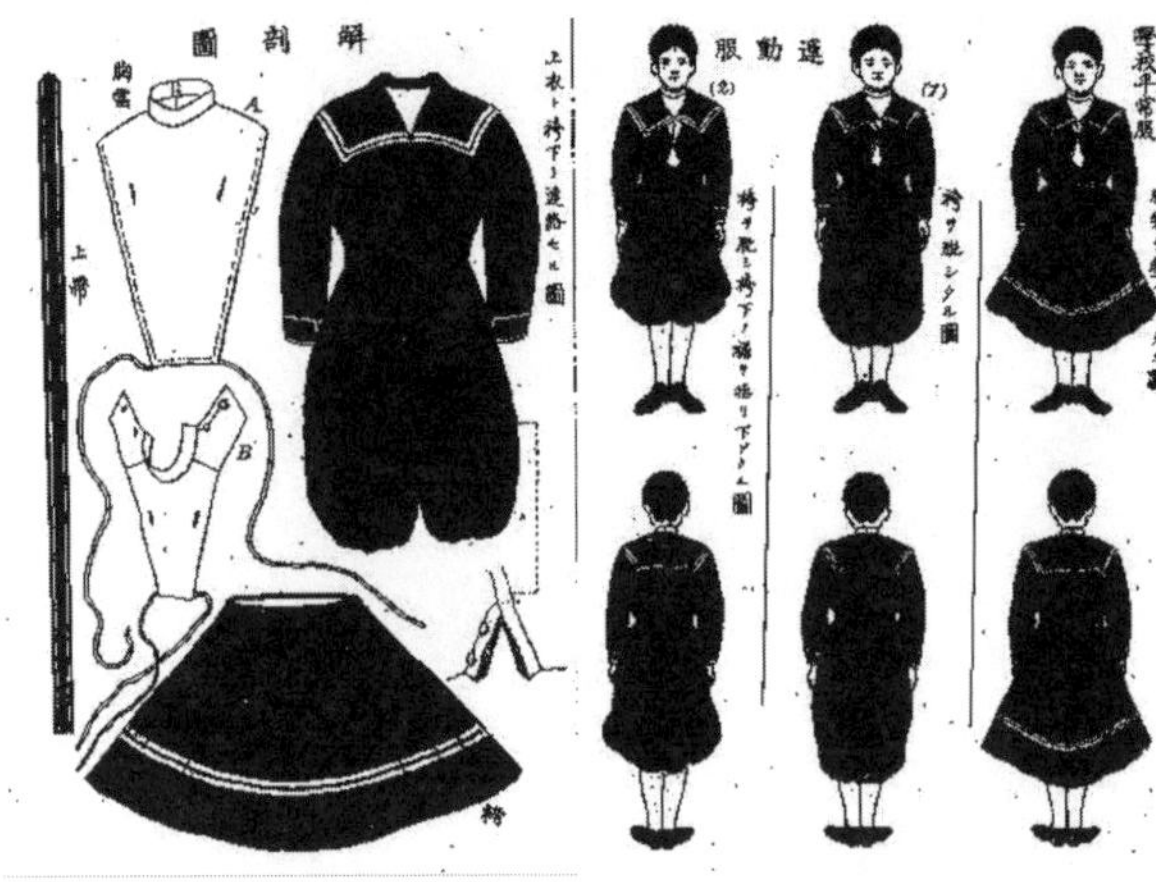

写真53　井口阿くりが提唱した女学生の服装。平常服ではセーラーカラーの上着とスカートの組み合わせとし、体操服ではスカートをブルマーに取り替える、としています
（出典：井口阿くり／可兒德／川瀬元九郎／高島平三郎／坪井玄道『体育之理論及実際』国光社、1906年、406-407ページ）

第六十二圖

写真54　井口阿くりが提唱した体操服着用時のイラスト
（出典：同書154ページ）

2 制服に先行した体操服の洋服化

女学生の洋装は体操服から

女子の服装を洋服化することは、なかなかたいへんなことだったようです。ミッションスクールでさえ、着物・袴姿の女学生が主流でした。

しかし、その姿では活発な運動がしにくいため、一九一〇年代前半には「くくり袴」が採用されるようになります。くくり袴とは、従来のスカートのような袴を改良してマチを広くとり、裾を左右に分けられるようにして先に細紐を通したものでした。普段は袴として使用し、運動の際には半分ずつにした裾をたくし上げて膝のところを紐でくくります。これを「昔の武者修行のようになる」[1]と表現した新聞記事がありました。くくり袴はブルマー採用までの橋渡しになったといわれます。

一九〇六年（明治三十九年）、「日本女子体育の母」とのちに称された井口阿くり（通称、井口あくり。一八七一―一九三一）はほかの四人とともに『体育之理論及実際』[2]を刊行します。このなかで女学生にふさわしい体育服を提唱していて、写真

写真55　東京女子師範学校（のちのお茶の水女子大学）の体育授業の様子（出典：「秋田じんぶつ史 第十五回体育教師井口阿くり」、秋田県「県政だより「か・だ・ろakita」」〔https://www.pref.akita.lg.jp/uploads/public/archive_0000003166_00/49cdf336021.html〕［2016年10月23日アクセス］）

写真56　名古屋市立名古屋第一高等女学校（名古屋市立菊里高等学校の前身）の1921年（大正10年）の運動会の写真。制服の洋服化に先立って、このような体操服を作っていたようです（著者所蔵）

写真57　愛知県立第一高等女学校（愛知県立明和高等学校の前身の一つ）の運動会の写真。白い体操服は和服から洋服に移行していった過渡期のものといえそうです（著者所蔵）

写真58　山脇高等女学校（山脇学園高等学校の前身）のワンピース制服。1919年（大正8年）という早い時期からの制定でした。現在も、これを改良したワンピースを制服としています
（出典：中山千代『日本婦人洋装史』吉川弘文館、1987年、104ページ）

53・54のようなものでした。普段は袴姿（右）ですが、体操の際には袴下（ブルマーのこと・中）とし、これの裾を紐でくくる（左）とするもので、どの場合も上衣はセーラー襟のゆるやかな洋服としています。これは、井口が官費留学生として体験してきたアメリカの女学校のスタイルを、日本人に合わせたものといえるでしょう。

しかし、井口が提唱したこのタイプの体操服は、自らが指導する学校のほかでは、あまり普及しませんでした。女子教育で体育の重要性が理解され実現するまでには、いましばらくの時間が必要でした。

3

セーラー服以前、さまざまな洋服の制服の採用

女学校の制服の洋服化は、一九二〇年代半ば頃から徐々に始まります。いろいろな形の洋服が、各地の女学校で制服に制定されていきました。

写真59　愛媛県立宇和島高等女学校（現在の愛媛県立宇和島南高等学校の前身）の1925年（大正14年）制定の制服。襟にベルベットが縫い付けてあります。28年（昭和3年）にはセーラー服に変わりました
（出典：「宇和島高等女学校のストライキ（大正10年）と制服の変遷」、ブログ「整体師、まーきみ。の奮戦記」2019年3月13日〔http://blog.livedoor.jp/monme42/archives/54881367.html〕［2020年6月3日アクセス］）

写真60　愛知淑徳高等女学校（現在の愛知淑徳学園高等学校）の1920年（大正9年）制定の冬服と夏服（復刻されたもの）。冬服はワンピース、夏服は上下セパレートになっています
（出典：愛知淑徳学園「愛知淑徳学園百年史」〔https://www.aasa.ac.jp/gakuen/kouhou/images/vol083/p04-07.pdf〕［2020年6月4日アクセス］）

大正9年～昭和4年までの夏服（復刻）

大正9年から採用された初めての制服（復刻）

写真61　氷上郡立柏原高等女学校（兵庫県立柏原高等学校の前身の一つ）。やはり昭和になって、セーラー服に変わりました
（出典：『大正十三年三月　兵庫県立柏原高等女学校第十六回卒業記念写真帖』、1924年）

写真62　大阪府立泉尾高等女学校（大阪府立泉尾高等学校の前身）。こちらの高女では開校のときからこの制服を制定したため、和服の期間はありませんでした。大阪府下では最初の洋服の制服です。やはり、のちにセーラー服に変わりました
（出典：「学校案内【校章・歴史】」「大阪府立大正白稜高校」〔https://www.osaka-c.ed.jp/taishohakuryo/about/history-badge.html〕［2020年2月18日アクセス］）

写真63　私立金蘭会高等女学校。和装から、このような洋服が制服とされたのは1922年（大正11年）でしたが、のちにセーラー服となり、現在に至ります
（出典：中島辰雄『金蘭会学園八十年史』金蘭会学園、1985年、175ページ）

写真64　大阪府立梅田高等女学校（大阪府立大手前高等学校の前身）。1921年（大正10年）、セーラー服に変わる前の洋服の制服です。「試作服」と写真には添えられています
（出典：大阪府立大手前高等学校百年史編集委員会編著『大手前百年史 資料集』金蘭会、1987年、21ページ）

4 セーラー服の導入

セーラー制服のスタートは三つのミッションスクールから

セーラー服を最初に制服として制定したのはどこの女学校だったのかについては、福岡の福岡女学院、名古屋の金城学院、京都の平安女学院など諸説あります。

①福岡女学院のセーラー服

福岡女学院は、一八八五年（明治十八年）に、アメリカ人女性宣教師によって福岡市内に英和女学校として開校したのが始まりです。

校長のエリザベス・リーが、自分が愛用していたセーラー服をもとに、福岡の太田洋服店に制服の開発を依頼しました。洋服店は八回も試作を重ねるなどたいへんな苦労ののち、日本人に合ったセーラー服を完成させ、一九二一年（大正十年）に制服に制定しました。

②金城学院のセーラー服

金城学院は、一八八九年（明治二十二年）に、アメリカの女性宣教師が名古屋に女学専門冀望《きぼう》館《かん》を開いたのが始まりです。一九二一年（大正十年）、教師チャールス・ローガンの娘が愛用していたセーラー服をもとに、城崎先生が型紙をとり、これを制服に制定しました（当時の校名は金城女学校）。

③平安女学院のセーラー服

平安女学院は、一八七五年（明治八年）に大阪市の川口居留地にアメリカの女性宣教師が開

写真65・66・67　福岡女学院のセーラー服。制定当時とあまり形を変えていないようです。スカートはジャンパースカートですが、前身のプリーツと後ろ身のプリーツがまったく違うところに大きな特徴があります。上着には、襟と袖のカフスにそれぞれ3本の赤いラインが入ります。胸当てには錨の刺繍が施されていますが、これは海軍のマークではなく、「賛美歌280番」第2節「風いと激しくなみ立つ闇夜も、みもとにいかりをおろして安らわん」の意味を表すもの、と学院は説明しています（写真66・67は、岡山県児島の制服メーカーがオリジナルを再現したもの）
（出典：写真65＝「福岡女学院の歴史」「福岡女学院」〔https://www.fukujo.ac.jp/history.html〕［2020年6月4日アクセス］、写真66・67＝岡山県児島の制服メーカーがオリジナルを再現したもの。著者撮影）

いた「Miss Edy's School」が発祥で、のちに「照暗女学院」と改名し、さらに京都市に移って「平安女学院」になりました。一九二〇年（大正九年）に、セーラーカラーをもつワンピース形の洋服を制服としました。

これらについて、写真を見ていきましょう。

写真68　福岡女学院、冬服のジャンパースカート。セーラー服の下はこのようなジャンパースカートでした（著者の知人から提供）

写真69　現在の福岡女学院の夏服と冬服。夏服には胸当てはありませんが、そのほかは冬服に準じた半袖服です
（出典：「学院聖句とシンボルマーク」「福岡女学院中学校・高等学校」〔https://www.fukujo.ac.jp/js/about/index.html〕［2020年6月4日アクセス］）

写真70　金城学院のセーラー服。2019年に当時のものを復刻したもの。スカートは腰から下の、普通のタイプです。上着には胸当てがあり、胸当て・襟・袖に白のラインが入っていました。当初、2本以上とされ、3本を入れる人もいたようです。昭和の戦時体制下で胸当てのラインはなくなり、襟と袖のラインも1本に減りました
（出典：「セーラー制服苦闘の復元　1921年初採用　金城学院中・高、モノクロ写真基に」「中日新聞」市民版、2019年11月9日付〔https://edu.chunichi.co.jp/chukou/news_k_detail/256/all〕［2020年6月8日アクセス］）

写真71　金城学院の現在の制服。冬服・合服・夏服の3種からなります
（出典：「中日新聞にて本校の制服が取り上げられました」「金城学院中学校 高等学校」〔https://www.hs.kinjo-u.ac.jp/news/2018/d89.html〕［2020年6月9日アクセス］）

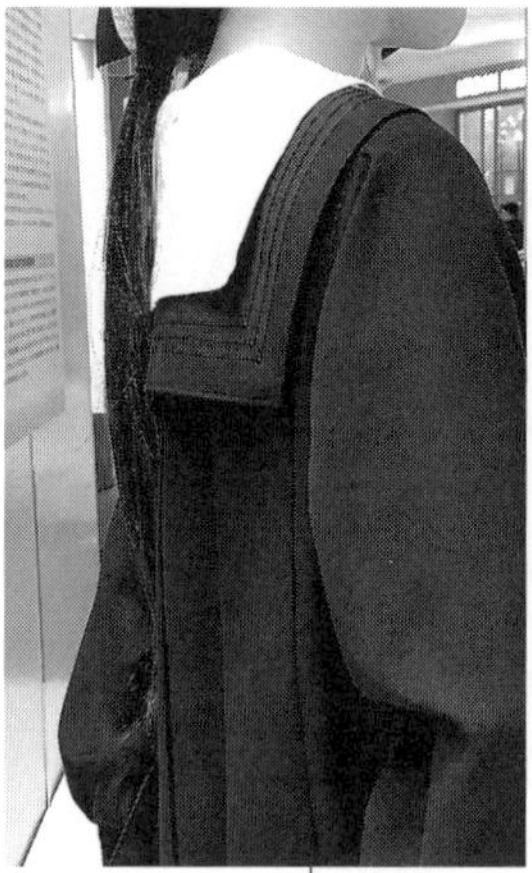
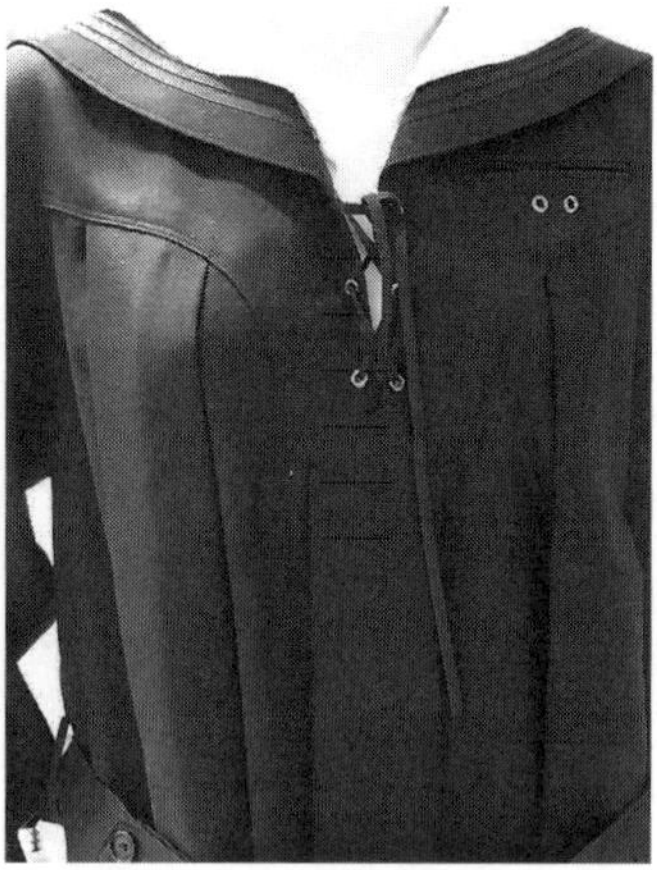

写真72・73・74　平安女学院のセーラー服。いわゆるセーラーワンピースで、襟には白い襟カバーが付いています。襟カバーは、本襟に比べてかなり小さめのもので、ラインは入っていません。ワンピースのプリーツは上下に長く延びていて、前は胸の切り替えまできています。後ろは、肩のすぐ下の切り替えまできています。この3枚の写真は、岡山県児島の制服メーカーが2007年に作った復刻品です（著者撮影）

これら三校が、日本のセーラー服女学生スタイルの嚆矢だったといわれています。いずれも外国の宣教師が開いたミッションスクールであり、そこに子女を通わせた家庭も開明的な考えをもつところが多かったのではないでしょうか。

平安女学院がほかの二校よりも一年早いので「最初」といえますが、同校のワンピース形は、その後の主流にはなりませんでした。

さて、セーラー服の評判は一般的にもたいへんよかったようで、これら三校にならった女学校制服が続出します。一九二三年（大正十二年）の関東大震災も、活動しやすい洋服の普及を後押ししたようです。三〇年代には、全国の女学校の制服の多くはセーラー服になっていきました。

一九二〇年代半ば頃に日本の女学校で採用されていったセーラー服ですが、これは先に見てきたように、二十世紀初頭の世界的なファッションだったものを取り入れたものです。そして、一般にファッションというものは「はやりすたり」があるものですが、日本では制服にされたため、今日までほとんど変わることなく残されてきたといえるでしょう。

注

（1）「大阪朝日新聞」一九一六年十二月十一日付

（2）井口阿くり／可兒徳／川瀬元九郎／高島平三郎／坪井玄道『体育之理論及実際』国光社、一九〇六年

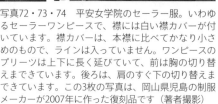

第3章

清水谷高等女学校の制服

1 和服の頃

明治期の服装規定

一八九〇年代後半頃の大阪市内には、公立の高等女学校は一校があるだけでした。現在の府立大手前高等学校のもとになった女学校で、校名・校地とも多くの変遷を重ねた伝統校です。女子教育の必要性が高まるにつれて一校だけでは不十分になり、市内にもう一校女学校を作ることになりました。一九〇〇年（明治三十三年）当初、大阪市立第二高等女学校として、南区千年町に仮校舎を得て発足しますが、その後に現在の場所に移転するとともに、府立に移管されて大阪府立清水谷高等女学校になりました。〇一年（明治三十四年）のことです。

服装については、『清水谷の70年』にこう書いてあります。

「南区千年町に開校した当時は、袴もなく、日本髪にモスリンの丸帯を締め、利休履きという登校姿だったが、移ってからは、筒袖の着物に五寸巾以下のえび茶色の袴の着用が決められた」「服装は和服（木綿・麻織物の筒袖、色及び縞柄は華美でないもの、襦袢の色は白色、袴の色はえび茶色で、体操の時は袴の裾を絞った。また、袴は胸高はだめで下の方にはいていた様である）」[1]とあり、筒袖の

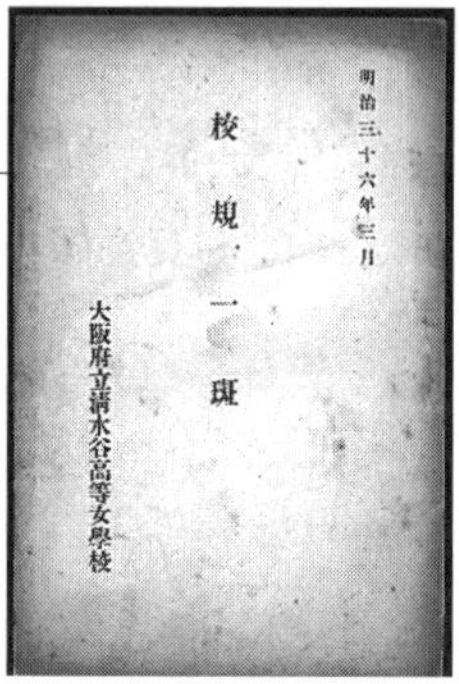

写真75　1903年（明治36年）、「校規一斑」の表紙（清水谷高校同窓会館歴史資料室所蔵）

写真76　徽章。袴に着けていたものです。袴は、女学校だけでなく電話交換手などの働く女性たちも着用したため、所属の学校を表すものとして、徽章は大きな意味があったようです。梅の花をモチーフにしています（清水谷高校同窓会館歴史資料室所蔵）

着物に、第2章で見た「くくり袴」を採用していたことがわかります。

ただ、袴の色は、一九〇三年（明治三十六年）の「校規一斑」によると袴を「古代紫」と規定していて、えび茶だったのか、古代紫だったのか、あるいは適当にどちらも着用されていたのかは、いまとなっては判然としません。

一九〇三年（明治三十六年）の「校規一斑」には、次のような規定が書いてあります。

身体に関する美の観念

1．頭髪の装飾

（1）頭髪は常に清潔を保ちて乱髪ならざる様注意すること

（2）リボン及びピン根掛簪櫛等は華美に流れざる様注意し其の模様及び色合は頭髪との関係を保ち野卑ならざるものを選ぶこと

2．服装の体裁

（1）袴は古代紫色のものを可しとし上衣は其縞柄模様等高尚なるものを選び其色合いは袴との調和に注意すること

（2）ズボン下は足袋と同色のものを用いなるべく肉体を露はさざる様に心懸くべし但し長靴下を用ふるものはズボン下と必ずしも同色ならざるもよしとす

（3）上衣と襦袢とはなるべく色よき配合のものを用ふること[2]

（片仮名を平仮名に改め、一部の漢字を仮名書きに変えています）

写真77　徽章。これも袴に着けていたのもので、七宝焼による美しいものです。明治期のもの（清水谷高校同窓会館歴史資料室所蔵）

写真78　明治期の清水谷高等女学校の生徒。椅子に座り、机に向かう姿です（出典：清水谷高校同窓会館歴史資料室所蔵）

写真79　1903年（明治36年）前後の鼓笛隊（清水谷高校同窓会館歴史資料室所蔵）

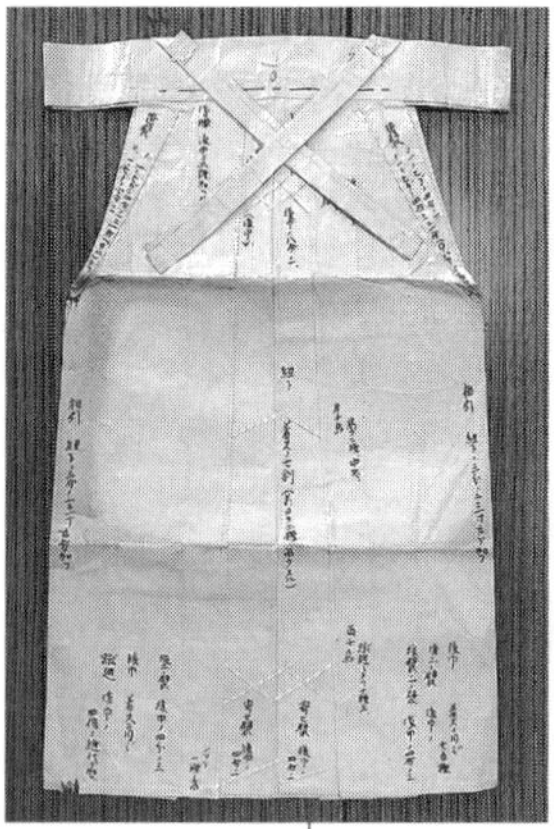
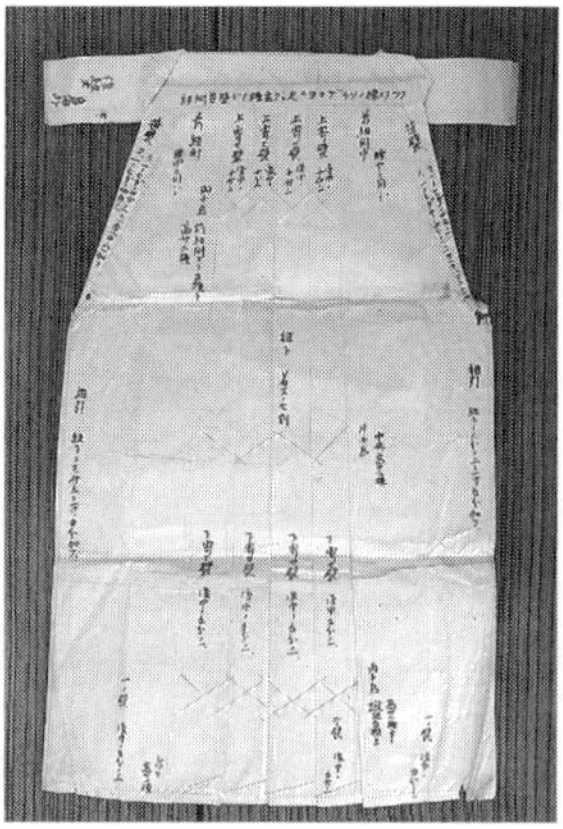
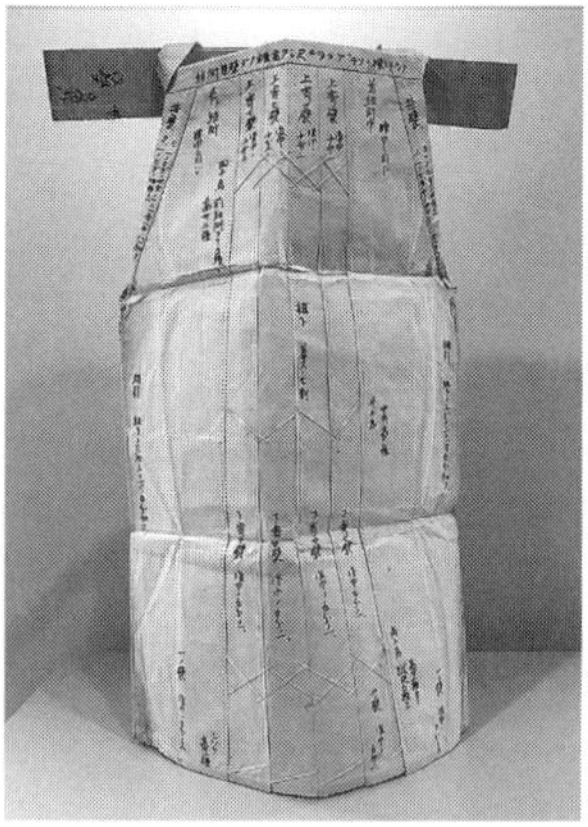

写真80・81・82　袴の型紙。実際に糸で仕付けをして立体化したもので縮尺は1/2 。1926年（大正15年）入学の25回生から同窓会に寄贈されたもので、裁縫の授業で使用したものでしょうか（清水谷高校同窓会館歴史資料室所蔵）

写真83　1919年（大正8年）清水谷高女のクラス写真。筒袖の着物と袴。履き物は靴です（清水谷高校同窓会館歴史資料室所蔵）

写真84　1920年（大正9年）清水谷高女のクラス写真。洋服の生徒が交じるようになりました（清水谷高校同窓会館歴史資料室所蔵）

写真85　「時」博覧会、「女学生大会」と題された写真。いろいろな服装の生徒が写っています
（出典：「時」博覧会記念帖、清水谷高校同窓会館歴史資料室所蔵）

写真86・87　そのなかからのアップです。「被り」上衣にはセーラーカラーが付き、袖の先は絞ってあります。スカートはチェック柄の布を使っています
（出典：同記念帖）

2 和洋混合——洋服化の流れ

明治期の清水谷高等女学校では、女学生の大多数が筒袖の着物と袴というスタイルでした。ただ、すでに洋服を着用する生徒もいました。ハイカラな家庭の子女だったのでしょう。

初代校長の大村忠二郎は、和服については質素な木綿と指示しながらも、洋服が好きで、学年に一、二人ほどしかいなかった洋服で通学する生徒に対して「よろしいですな」と声をかけていたそうです[3]。

一九一〇年代に入ると、徐々に洋服を着る子が増えてきました。

一九二〇年（大正九年）に同窓会である清友会が主催し、大阪商品陳列所で開催された「時」博覧会の記念写真帖には「女学生大会」と名付けられた一枚の写真があります。これには、明るい色のセーラールックの女学生が写っています。清水谷生なのかどうか彼女たちの所属はわかりませんが、和装の生徒が大半を占めているなか、これと同じセーラー服を着ている人がざっと数えたところ十一人いるので、何かの集団の制服にあたる服装だったのではないかと思われます。

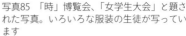

写真88　「大阪朝日新聞」1920年2月3日付に掲載された清水谷高等女学校の制服選定に関する写真

一九二〇年（大正九年）二月三日付の「大阪朝日新聞」に、清水谷高女で生徒に着せる洋服を試みているという記事が掲載されています。

大阪府立清水谷高等女学校ではかねてより生徒洋服を研究中であったがこの程出来上がり校内有志の生徒に試みさせて居る、型は写真の（1）と（3）で（2）は上衣を脱いだ姿である、見積りは上衣は紺六つ綾綿織三ヤール、スカートは上衣と同じ地質、尺も同じ長さを要する、上衣の裏地は綿ネル二ヤール一分、紺ネルのチョッキ一ヤール一分五厘、紺のベッチッンカラ、七宝焼校章入りボタン九個、上等の白綿ネルの長袖シャツ一ヤール七分、パンツが同じく一ヤール七分で帽子が共布である、右一組全部揃いで二十二円　も少し上等のヘル紺地にすると上着とスカートとを合せて三十五円　付属品を加へて一組四十五円でできる　同校生徒は上着と長袖シャツの他に毛糸のシャツ二枚、腰から下はパンツとスカート二枚、外套は校長の意によって用いない。[4]

この記事に添えられた写真は、大正時代の新聞印刷の限界か判読しにくいものではありますが、セーラー服の制服制定に先立って、洋服を制服にしようという試みが見て取れます。そして、上衣からスカート、チョッキ、シャツ、果ては下着にまで、生地の種類と用尺が書かれているのも興味深いところです。洋服という新しい文化を紹介するのに、必要と考えたのでしょう。また、このときに試作されたセットは、のちに制定されたセーラー服のセットよりも点数が多く、上から下まで網羅するものでした。まだまだ女性の洋服というものが普及していなかった時代なので、全部学校が決めていかなければならなかったのでしょう。

同じ年の一九二〇年（大正九年）に、学校は風紀衛生規定に洋服の規定を定めています。

1. 通学洋服は服装調査会制定のものを用いること。但し従来指定の洋服は之を着用するも差支えなし。
2. 通学帽子は服装調査会制定のものを用いること。
3. 運動服及び同帽子は規定のものを用いること。但し右は運動以外の場合にも着用して差支えなし。夏運動帽は頭部寒冷紗地、縁は木綿刺繡とす。
4. 外套は華美高価にならざる範囲において随意とす。
5. ジャケツを着用の場合は洋服の下に着用すること。(5)

（片仮名を平仮名に改めています）

このほか、洋服以外の一般規定として、靴下、靴、徽章の扱いなどについても定めています。

校内の服装調査会が決めた服装の着用が求められていますが、これはおそらく、前述の新聞記事で紹介した、生徒の服装を研究していた部会のことでしょう。

また、「従来指定の洋服は之を着用するも差支えなし」とありますが、それはどのような洋服だったのでしょうか。これについては、明らかにこの洋服、という説明が付いた写真がないために憶測でしかないのですが、この規定が出る三年前の一九一七年（大正六年）のクラス写真にわずかに数人が写っているセーラーカラーの明るい色の洋服が、それにあたるのではないかと思われます。

次いで一九二一年（大正十年）、洋服規定についての再度の検討がおこなわれます。七月十一日の職員会で「洋服の改正につきては追て委員に付託することあり」として、九月十九日の職員会では以下のように定めています。

写真89　1922年（大正11年）清水谷高女のクラス写真。洋服の生徒のほうが多くなりました。このセーラーカラーをもつ洋服は、3年前の19年（大正8年）の学級写真にわずかに現れていて、学校から指定されたもののように思われます。ですから、これが20年（大正9年）よりも前から「指定」されていた洋服なのかもしれません。色は不明ですが、かなり明るい色の生地のようです（清水谷高校同窓会館歴史資料室所蔵）

写真90　洋服のアップです。生地は無地ではなくチェックで、前袷（まえあわせ）になっていて、大きなボタンが2つ。胸当てがあり、セーラーカラーは白い襟カバーのように見えます。また、スカートには飾りボタンが4つ縦に並んでいます（清水谷高校同窓会館歴史資料室所蔵）

写真91　襟にベルベットが付いた1921年（大正10年）の制服。セーラー服を制服とする前に、短期間着用していました（清水谷高校同窓会館歴史資料室所蔵）

写真92　同じく1921年（大正10年）の制服。体育館での運動中の写真（出典：『清水谷高等女学校　大正十三年卒業記念帖』、清水谷高校同窓会館歴史資料室所蔵）

洋服改定の件　調査委員で協議中の所、左の通りに改正す。様式は見本の通りとす。（目下調製中）要点左の如し。

帽子　形は従来の儘とし但リボンに濃き深紅の色を用ふこと

上着　前釦を一つとし、襟の別珍は保存及び体裁上なるべく良品を用ふること

下着　前は従前の通りにて腰より上部の布を黒色の本毛繻子とする、スカートの巾を十分両股を開けて尚余裕ある程度まで広くし、且つ裾の襞は二カ所以上つけること、スカートの長さは腰より二寸五分以上短くせぬこと(6)

また、同年の十月七日の職員会では以下のように決定しました。

洋服見本制定につきての件

1．上衣の帯（バンド）については見本通りにつけず

2．色合い、地質は以前に提出せし通りのものを用ふること。但万一にも無き場合には最も似寄りのものに確定す。

3．形は上衣は以前に提出せし形とす。スカートはこの見本通りとす。

4．代価は約二十八円位とす。

5．今回に限り生徒の調製は高島屋にまとめて注文すること。(7)

（片仮名を平仮名に改めています）

こうして生まれた制服が、写真91のようなスーツ形のものでした。襟は背広形

で、上のほうの左右に別珍、つまりベルベットが付いています。胸当てがあり、大きなボタンが一つあります。

このときのスカートは、いまの清水谷高校の制服のような腰から下だけのものと違って、上体の下着を兼ねたものだったようです。

なお、和服通学が一般的だった当時、このようなスーツ形の洋服を制服と見ていいのかについては次のようなことがあり、やはり初期の制服と呼んで差し支えないのではないかと思われます。

それは、一九二二年（大正十一年）六月十九日の職員会で「生徒の服装につきて、近年洋服につきて種々父兄より注意等申出ずる向きあるも、此際は先般規定したる通りのものにて押し通し、異式のものは用ひせしめざることとす(8)」と、規定を「押し通す」ことを確認しているからです。「制服」と明記してはいませんが、洋服による通学については学校が定めたものに統一していて、「押し通す」という強い言葉を使っていることから、実質的には制服だったといえるでしょう。

しかし、スーツ形の初期の「制服」は、短命なものに終わりました。生徒の何割ぐらいがこれらの「制服」を着用していたのかは不明です。

3 体操服を制定

制服に先立つ体操服

さて、第2章第2節「制服に先行した体操服の洋服化」でみたように、清水谷高等女学校でも体操服の洋服化の試みが、通学服よりも以前からおこなわれていました。

写真93　水夫式の体操服。1919年（大正8年）頃と思われる写真。小さな写真を拡大したものですが、確かにセーラーカラーの後ろ襟が見えます（出典：『大阪府立清水谷高等女学校　大正九年三月卒業記念写真帖』、清水谷高校同窓会館歴史資料室所蔵）

大阪では、府下の高等女学校の体操の教師たちが一九一一年（明治四十四年）に大阪健母会を作り、女子体操教育の研鑽などとともに体操服の研究もおこなっていました。

一九一八年（大正七年）六月七日付「婦女新聞」に、健母会による改良服の記事のなかで清水谷高等女学校の教師・中島キクの発言を紹介しています。「本校では従来水夫式の運動服を考案して体操遊技の際に用いていますがすこぶる軽便で非常な効果があります」

このことから、一九一〇年代半ばには、清水谷高等女学校での体操服の研究と実践が始まっていたことがうかがえます。また、上衣の形状は「水夫式」、すなわちセーラー服の形だったことがわかります。

「婦女新聞」のこの記事は、中島はこの水夫式の体操服をさらに改良したものを同月九日の健母会にはかって意見をまとめて府知事に報告し、各学校に勧誘する予定だと記しています。

写真94　バスケットボール（清水谷高校同窓会館歴史資料室所蔵）

この水夫式体操服は、全生徒が着用したものではなく、一部の生徒だけのものだったようです。というのも、当時の体操授業の写真は和服・袴姿での授業風景が写っているものばかりで、この白い洋服の生徒は一人も写っていません。逆に、この体操服の写真は、球技をしているものばかりなので、現在でいう部活動にあたる活動をしていた生徒だけのものだった可能性が高いようです。

その後、あるイベントをきっかけとして全生徒が洋服の体操服を着用することになります。

写真95　体操服。おそらくこの形の体操服が、極東選手権競技大会に合わせて制定されたものだと思われます
（出典：『大阪府立清水谷高等女学校　大正十二年三月卒業記念帖』、清水谷高校同窓会館歴史資料室所蔵）

一九二三年（大正十二年）、第六回極東選手権競技大会が五月二十一日から二十六日まで大阪市で開かれることになりました。清水谷高女では、これに出場する生徒の体操服の体裁を大急ぎで整えなければならなくなりました。

この競技会は、日本、中華民国、フィリピンの三つの国と地域が、陸上競技、水泳、排球（バレーボール）、蹴球（サッカー）などの種目で競い合うものでした。学校史にはこの競技会に選手として出場したかどうかの記述はありませんが、府下の女学生による合同体操が予定されていて、これに出場するために体操服を整えなければならなかったようです。このため、清水谷高女以外の女学校でも、この大会のために体操服を急遽整えたところがありました。

一九二三年（大正十二年）四月二十三日の職員会では、「三年以下の生徒には体操服を作らせる。ただし所定の洋服を持っている者は、新たに作らなくてもよい。四年生については別途考える」[9]としています。

五月三日の職員会で、従来の衣服とかけ離れていないもので、体操服としてずっと使え、極東大会に間に合うものを、と議論した結果、夏用体操服の概要を決定しました。ワンピースではなく、上下に分かれたものです。

そして五月九日には採寸をおこない、二十一日には代金が徴収されました。大会は二十一日から二十六日までだったので、この時期は非常に切迫していたようです。

余談ですが、この競技会は市岡に作られたばかりの大阪市立運動場で開かれましたが、大雨のため、せっかくの準備もむなしく合同体操はおこなわれなかったそうです。

しかし、このときの制定よりも前の卒業アルバムに、白い体操着を着て運動している写真が残っています。これについては、章を改めて見ていきます。

4

セーラー服を冬の制服に指定

一九二三年（大正十二年）秋――冬が来るまでに

体操服の問題が一段落すると、再び制服制定への動きが始まりました。これは、体操服という形で全生徒を一部でも洋服化できたことによって、制服についても、洋服化に対する抵抗感が減じたということがあったのではと推察できます。

また、大阪ではすでに前年、プール女学校、大阪信愛高等女学校、明浄高等女学校の三つの女学校で、セーラー服を制服にしていました。セーラー服が非常に人気になってきたので、清水谷高女でも、わずか二年前に決定したスーツ形の制服をやめて、セーラー服にしたいという要望が出てきたのではないでしょうか。

一九二三年（大正十二年）六月二十六日に、制服問題を委嘱する校外委員の人選があり、七月十一日と九月七日に生徒制服調査委員会を開催しています。

九月七日の職員会では、次のように決めています。

制服調査委員会に於いて所定の制服を作らしむこと

形　セーラー型、　地　セルまたはサージ、　価格　上下及びブルーマース合わせて二十五円五十銭、　三年以上は出来る丈多く作らしむること[10]

九月十一日には、放課後、一年生から三年生までを講堂に集めて校長が新制服について説明、勧誘をしています。

九月二十二日には三越と白木屋の店員が来校して洋服の寸法を測り、十月二十七日に制服を届けています。ともに堺筋に店舗をおく百貨店でした。

非常に迅速な対応をした印象がありますが、採寸から納品まで約一カ月で相当数を縫製できたのは、前年の私学三校へのセーラー服の納品で、大阪の被服業者に十分な生産力が養われていたからでしょう。

十一月二十六日の職員会では、細則が決められました。ただ、和服通学の生徒に対する配慮もおこなわれています。

1．服装　制服を作りしものは止むを得ざる場合の外、必ず着用する様担任よりも推奨すること。
木綿の筒袖か又は制服を着用すること、絹布及異制の服は許さず。
帽子は以前制定のものか此度新制のものかに限り着用せしむ。但し着用せさるも可なり。
スヱーター　紺又は黒色　袖無しにてもよし。　制服のカラーを上に出すこと。
髪　四年以上洗髪の時、学校より命じたる時及洋服を着用したる場合に限り、規定の結髪をお下げにしても差支なし。
外套　スヱーターを用ふれば大したる必要なき故、随意の制とす。但しあまり色の派手なるもの及贅沢なるものは許さず。[11]

（片仮名を平仮名に改めています）

そして一九二四年（大正十三年）四月八日には、「服装　和服　木綿又は毛織の筒袖、袴はえび茶。／洋服ならば制服。但し夏服から一斉にこしらへる」[12]（職員会）とあります。

清水谷高女でいまに続く紺のセーラー服の着用が始まったのは一九二三年（大正十二年）十月であり、翌年四月入学の新入生は全員この制服を着用することになりました。これについては、次のようなエピソードがあります。

大阪府立の高女はもうすっかり制服を着てゐます。府立で制服の制定された元祖は実に清水谷高女で。大正十三年の四月から、一体どんなものを着せたらいいか、何ぶん経験の乏しかった当時のこと。最初は何度型を作り換へてみても生徒がうんといってくれぬ。学校でも手古摺った揚句が、生徒の家庭と学校側、洋服専門家の三者を合して『制服調査委員会』を組織して遂に決定、大正十三年の同校入学志願者心得中の一箇条に『本校入学の上は制服を着せるがそれは承知か？』とダメを押しておいてその年から着せはじめたのが、今のセーラー型の制服です。

　当時制服の条件として藤沢同校長の提出した注文は、（1）流行を超越して永続性のあるもの（2）廉価（3）生徒が喜んで着るもの（4）家庭でもつくれるもの――紺若しくは黒のサージ、カラーとカフスに純白の三線、そしてこの特色は藍鼠色の替カラーがついていること、汚れたらいつでも洗濯できるやう、胸に輝くマークは三角形の七宝に清水谷の『水』に清楚な梅花を配したもの、（略）[13]

この記事には、学校の公的な記録には残っていない当時の様子が書いてあり興味深いところです。制服の形を決めるのに生徒の意見を聞き、生徒が反対した形は採用されなかったというところに、大正期の女学校の雰囲気を感じます。

加えて、この記事の冒頭に「大阪府立の高女はもうすっかり制服を着てゐます」とあります。これは、この記事が書かれた一九二八年（昭和三年）の春には、全国的にみた場合に大阪の高女の制服化が早かったことを表すものです。たとえば東京は大阪に比べてかなりあとになってセーラー服を制服にしていますし、地方にいくほどさらにあとからになる傾向が見えます。

写真96　1925年度（大正14年度）卒業生の修学旅行の写真。中禅寺湖畔での記念写真とありますが、各クラスでセーラー服を着用しているのは1 、2人にとどまります。卒業前の生徒たちのほとんどは、セーラー服を作らなかったようです（出典：『大正十四年度　大阪府立清水谷高等女学校卒業生記念旅行写真帖』、清水谷高校同窓会館歴史資料室所蔵）

写真97　1927年（昭和2年）頃の学級写真。22年（大正11年）入学の44人の内訳は和服29人、セーラー服14人、ベルベットカラーの洋服1人となっています（清水谷高校同窓会館歴史資料室所蔵）

写真98　1927年（昭和2年）卒業アルバムには、おおよそ2対1ぐらいの割合で和服の生徒とセーラー服の生徒が写っていますが、ただ1人だけ、ベルベットカラーの旧制服の人がいました。
（出典：『昭和2年3月卒業記念』、清水谷高校同窓会館歴史資料室所蔵）

写真99　1927年（昭和2年）新入生。全員がセーラー服を着ています（清水谷高校同窓会館歴史資料室所蔵）

写真100　同じ写真のアップです。襟カバーは当時から青いのですが、白っぽく写っているのは、当時の感光材料が完全なパンクロマチックになっていなかったためでしょう（清水谷高校同窓会館歴史資料室所蔵）

5 夏服の制定

一九二四年（大正十三年）——夏になるまでに

一九二四年（大正十三年）四月十八日には、夏服制定会（第一回）がありました。「生地は鐘紡のを用ひては如何。／上衣　形は冬服の通り　前を割る　袖を広く短くす。襟は同じ。切れ線とネクタイは黒か。／スカートは冬のものを間にあはす。但しスカートのウエストをのけてゴム止めとしては如何」[14]というものでした。

五月一日の第二回夏服制定会では以下のようにあります。

帽子　生のパナマ、リボンは黒の撚り紐、先にボンボンあり。形は冬の形。
上衣、スカートに記名の場所を作ること。一年はスカートをも作ること。
（上衣の）地質　白リンネル（半麻式）、形　大体冬の形、カラー、袖は七寸、三線を入れず、見本より少し大きくす。　袖口の広さ七インチ半位、　長さ□リボンを黒色　やはらかなもの　スカートのアンダーウエストは白色[15]

そして五月十四日、夏服の成案を印刷して生徒に配布します。

夏服は、四月十八日の制定会で出た「（上衣の）前を割る」（前袷にする）ものと、下衣はスカートを腰から下だけのものにする、という提案は採用せず、基本的に冬服と同様のものになりました。袖丈についての記載はありませんが、着用した写真を見ると七分袖になっています。上衣は、袖丈以外は現在のものと大きく変わりません。

写真101　1925年（大正14年）入学の25回生。夏服（清水谷高校同窓会館歴史資料室所蔵）

写真102　同じ写真のアップです。夏服（清水谷高校同窓会館歴史資料室所蔵）

こうして、清水谷高女の新制服が定まりました。在校生の多くは着物・袴姿で卒業していきますが、新入生は全員新しい制服です。全校生徒が紺のセーラー服で統一されるのは、数年先のことになります。

その後少し時間の経過がありますが、一九二九年（昭和四年）の服装規定を見ていきます。

第一条　生徒は本校所定の服装に従ふべし

第二条　本校の服装は左の規定による。

1. 冬服　地質はセル又はサージ、色は紺又は黒、形はセーラー形とす。
襟は濃き空色のポプリン。襟、袖口、ポケット、胸当に白の三線を付す。

胸当は上衣に付し、スナップ止めとす。袖口はシャツの袖口の如くし持出し見返しをつけ、スナップ止めとす。胸は適当に開きスナップ止めとす。

スカートの襞は前後通じて十六とす。

アンダーウエストは黒の毛繻子として釦を以てスカートを吊る。ポケットはスカートの右内及アンダーウエストの右前に付く。長さは膝下一寸位。

2. 夏服　地質は半麻、色は白色、形は冬服に準す。

3. 上衣の襟は共切を用ひ、袖は臂より一寸位長く袖口は広くして折返して縫付く。

襟、袖口、ポケット、胸当てに黒の三線を付す。ネクタイは黒のサテン、儀式用ネクタイは冬服の時は白色富士絹のものを用ふ。スカートは冬服のスカートを用ふ。アンダーウエストは白色キャラコとし釦止めとす。

第三条　靴下は黒の木綿とし、夏季は白色のものを許す。

第四条　下着は左の規定による。

ヅロース　白色を原則とし地質は随意とす。腰及裾はゴム止めとし常に着用すること。

ブルマース　黒色とし地質は随意とす。洋服及体操服の時は必ず之を着用すること。

ウエスト及ペチコート　白色を原則とし地質は随意とする。冬服着用の時は作法上防寒上必ず着用すること。

第五条　帽子は冬期は薄茶色毛糸編製山高形とし、白色天鵞絨組紐を以て縁取り、リボンも同様紐を以て結ひ先端に白き球を付す。

夏季は生パナマ製、形は冬季用と同しく縁取、リボンは黒色絹組紐とす。

第六条　スヱーター　色は黒色又は紺色とし形は上衣に準す。袖は有無を問はす。襟は上衣の襟を上に引出すを以て別にセーラー形のものを付せす。随意着用とす。

第七条　外套は地質、形、色合い共に随意なれとも、凡て質素にして華美ならさるものとす。随意着用とす。

第八条　頭髪は垂髪とし、櫛、お下げ止めなど華美なるものを用ふへからす。

第九条　髪の紐は学年色の組紐とす。一年赤、二年緑、三年黄、四年水色、五年白。(16)

(片仮名を平仮名に改めています)

さて、学校が決めた制服規定のなかに、「アンダーウエスト」あるいは「ウエスト」という

写真103　吊りスカートの例。女子聖学院（東京都北区）の夏服用のもの。本校では「吊りスカート」と呼ばれています（著者の知人から提供）

写真104　武庫川女子大学附属高等学校の冬のスカートにセットされたアンダーウェスト（出典：「useihuku's fotolife」〔https://f.hatena.ne.jp/useihuku/20091002001239〕［2020年6月15日アクセス］）

言葉が登場しました。これは写真103・104のような、上半身に着る下着です。最近は「吊りベスト」あるいは「吊りスカート」といったりすることもあります。袖なしの下着で、裾にボタンが付いていて、スカートのボタン穴もしくはループに留めて、全体でジャンパースカートのようになります。冬服の場合は黒の毛繻子という生地、夏服の場合は白のキャラコという生地が指定されています。清水谷の制服にこれらはいまはありませんが、プール女学院や武庫川女子大学附属高等学校などの制服には残っています。

写真105　制服の胸ポケットに糸で縫い付けられた徽章（校章）（大阪府立清水谷高校同窓会館歴史資料室所蔵）

写真106　1927年度（昭和2年度）の卒業生から寄贈された冬用の制帽（大阪府立清水谷高校同窓会館歴史資料室所蔵）

写真107　制帽（冬用）
（出典：『大阪府立清水谷高等女学校昭和六年三月卒業記念写真帳』、大阪府立清水谷高校同窓会館歴史資料室所蔵）

写真108　制帽（夏用）。パナマ帽です。左側面に校章が付いています
（出典：『第四十一回卒業記念写真帖』、大阪府立清水谷高校同窓会館歴史資料室所蔵）

写真109　コート。冬期の野外行事での写真です。実にさまざまなデザインのコートを着用しています（大阪府立清水谷高校同窓会館歴史資料室所蔵）

高等女学校のセーラー服（大阪府下）

写真110　大阪府立大手前高等女学校（現在の大阪府立大手前高等学校）（出典：前掲『大手前百年史 資料編』37ページ）

写真111　大阪府立岸和田高等女学校（現在の大阪府立和泉高等学校）（出典：大阪府立和泉高等学校校史編纂委員会編『和泉高校百年誌――泉南高女・岸和田高女・和泉高の百年』大阪府立和泉高等学校創立100周年記念事業実行委員会、2001年、103ページ）

6 セーラー制服の普及

一九二〇年代から三〇年代にセーラー服が席巻

一九二〇年代から三〇年代、大阪府下の多くの女学校はセーラー服を制服にしていきました。

すでに洋服を制服として制定していた府立泉尾高等女学校をはじめ、府立大手前高等女学校、府立岸和田高等女学校、大阪市立東高等女学校、金蘭会高等女学校、四條畷高等女学校などが、先に制服としていた洋服をセーラー服に変更しました。また、和服だった女学校の多くも、この時期に、セーラー服を制服に制定していきました。

一九三〇年代初めにはほとんどの女学校がセーラー服を採用したといってもいいでしょう。

写真113　プール女学校（現在のプール学院高等学校）、1922年（大正11年）制定のセーラー服
（出典：資料室委員会・記念誌編集委員会編『写真で見るプール学院の110年』プール学院、1990年、60ページ）

写真114　信愛高等女学校（現在の大阪信愛学院高等学校）、1922年（大正11年）制定のセーラー服
（出典：大阪信愛女学院編『信愛百年――遥かなる光への道 1884～1984』大阪信愛女学院、1984年、27ページ）

写真112　北河内郡立河北高等女学校（現在の大阪府立寝屋川高等学校）
（出典：大阪府立寝屋川高校記念誌編纂委員会編『寝屋川高校百年史』大阪府立寝屋川高等学校創立記念事業実行委員会、2011年、121ページ）

高等技芸女学校のセーラー服（大阪府下）

写真115　大阪高等技芸女学校（清水谷高女が設立し、のちに塩原学園に移管）
（出典：『塩原学園昭和13年卒業記念帖』塩原学園、1938年、16ページ）

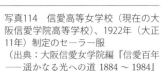

写真116　大阪府立阿部野高等女学校（現在の大阪府立阿倍野高等学校）
（出典：大阪府立阿部野高等女学校・大阪府立阿倍野高等学校同窓会創立五十周年記念誌編集委員会編『芝蘭　五十年の歩み』大阪府立阿部野高等女学校・大阪府立阿倍野高等学校同窓会創立五十周年記念誌編集委員会、1977年、12ページ）

写真117　私立相愛女学校（現在の私立相愛高等学校）。清水谷の以前の制服のように、襟にベルベットが付いています。また、スカートの裾にギザギザの線が入っていますが、これは袴のときからの継承です
（出典：相愛学園百年史編纂委員会企画・編集『相愛学園百周年記念誌』相愛学園、1988年、76ページ）

こうして、この時期に大阪では女学校が続々とセーラー服を制服に制定していきましたが、これは、ちょうど和服を洋服化したいという流れに、流行のセーラー服のスタイルが乗ったということになります。

大阪では一九三〇年代の初め頃には、ほとんどの女学校でセーラー服を制服としましたが、そのなかで数校、スーツを採用した高女もありました。

大阪府立阿部野高等女学校では、スーツの制服を採用しました。これは初代校長が、女学校に入学するからには、大人の女性になってほしいと考え、「セーラー服のような子どもの服ではいけない」としてスーツの制服に決めたとされています（これは翻ってみると、セーラー服は子ども服と思われていた、ということでもあります）。

東京の女学校でのセーラー制服は大阪よりも遅れて始まりますが、この間に襟の形の流行が変化していったため、東京では小さなセーラーカラーが主流になります。

	1939年〜 1949年頃	1950年〜 2020年	現在の校名
→	国民服 →	セーラー服 → スーツ	大手前*1
→	国民服 →	セーラー服 →	清水谷
→	国民服 →	セーラー服 →	夕陽丘
→	国民服 →	セーラー服 → スーツ	港*2
→	国民服 →	セーラー服 →	泉陽
→	国民服 →	セーラー服 → スーツ	和泉
→	国民服 →	セーラー服 → スーツ	大正白稜
→	国民服 →	セーラー服 → スーツ	河南
→	国民服 →	セーラー服 → スーツ	寝屋川
→	国民服 →	セーラー服 → スーツ	春日丘
→	国民服 →	スーツ →	阿倍野
→	国民服 →	セーラー服 → スーツ	大阪わかば
→	国民服 →	セーラー服 →	山本
→	国民服 →	セーラー服 → スーツ	桜塚
	国民服 →	セーラー服 → スーツ	泉大津
→	国民服 →	セーラー服 →	佐野*3
→	国民服 →	セーラー服 → スーツ	登美丘*4

＊1　1887年 大阪府立高等女学校→1889年 大阪市立高等女学校→1900年 大阪市立第一高等女学校→1901年 大阪府中之島高等女学校→1901年 大阪府立中之島高等女学校→1902年 大阪府立堂島高等女学校→1910年 大阪府立梅田高等女学校→1923年 大阪府立大手前高等女学校

＊2　江戸堀高女の設立時からの和服はクロッパと呼ばれた。1924年 ワンピース→1930年 セーラー服

＊3　佐野高女。創設は1903年 佐野村立裁縫学校→1921年 佐野女子実業学校 →1923年 佐野家政女学校→1929年 大阪府佐野実科高等女学校 →1934年 大阪府立佐野高等実践女学校→1941年 大阪府立佐野高等女学校

＊4　府立黒山。創設は1917年 大阪府黒山実業学校 →1923年 大阪府黒山高等実践女学校→1924年 大阪府立黒山高等実践女学校→1941年 大阪府立黒山高等女学校

表1　大阪府立高等女学校の制服の変遷（冬服／ 2020年7月現在）

府立高女となったときの校名	府立高女となった年	1900年以前	1901年～ 1915年頃	1916年～ 1926年頃	1927年～ 1938年頃
大阪府	1887年	和装 →	→	洋服 → セーラー服 →	→
府立清水谷	1901年		和装 →	洋装 → セーラー服 →	→
府立島之内	1906年		和装 →	洋装 → セーラー服 →	→
府立江戸堀	1914年		和装 →	洋服 → セーラー服 →	→
府立堺	1912年		和装 →	洋装 → セーラー服 →	→
府立泉南	1915年		和装 →	→ セーラー服 →	→
府立第七	1921年			和装 → 洋装 →	セーラー服 →
府立河南	1921年			和装 → 洋装 →	セーラー服 →
府立河北	1928年				和装 → セーラー服 →
府立茨木	1921年			和装 →	セーラー服 →
大阪府立第十一	1922年			スーツ →	→
大阪府立第十二	1922年			和装 →	セーラー服 →
大阪府立第十三	1927年				セーラー服 →
大阪府立第十四	1937年				セーラー服 →
府立大津	1941年				
府立佐野	1929年		和装 →	→	洋装 → セーラー服 →
府立黒山	1929年				和装 → セーラー服 →

	1939年～ 1949年頃	1950年～ 2020年	現在の校名（2002年1月現在）
→	国民服 →	セーラー服 → ボレロ →	私立大阪信愛学院高等学校 ☆
→	国民服 →	セーラー服 →	私立プール学院高等学校 ☆
→	国民服 →	セーラー服 →	私立明浄学院高等学校 ☆
→	国民服 →	スーツ →	私立相愛学園高等学校 ☆
→	国民服 →	セーラー服 → スーツ →	私立梅花高等学校 ☆
→	国民服 →	スーツ →	私立四條畷学園高等学校
→	国民服 →	セーラー服 →	私立金蘭会学園高等学校
→	国民服 →	セーラー服 → スーツ	私立大谷学園高等学校 ☆
→	国民服 →	セーラー服 →	私立樟蔭高等学校 ☆
→	国民服 →	セーラー服 → スーツ →	私立四天王寺高等学校 ☆
→	国民服 →	セーラー服 → スーツ →	私立香ヶ丘リベルテ高等学校
→	国民服 →	セーラー服 → スーツ →	私立精華高等学校
→	国民服 →	セーラー服 → スーツ	私立大阪成蹊女子高等学校*1 ☆
→	国民服 →	ジャンパースカート → スーツ	私立香里ヌヴェール学院
→	国民服 →	セーラー服 → スーツ →	私立大阪国際滝井高等学校 ☆
→	国民服 →	スーツ →	私立帝塚山学院高等学校 ☆
	国民服 →	セーラー服 → スーツ →	大阪府立みどり清朋高等学校
→	国民服 →	セーラー服 → ジャンパースカート	私立大阪女学院高等学校 *2 ☆

＊1　大阪成蹊女子高等学校、信愛学院高等学校の夏服はセーラー服である

＊2　大阪女学院高等学校は、1884年 ウヰルミナ女学校開校→1940年 大阪女学院高等女学部→1946年 大阪女学院高等女学校→1948年 大阪女学院高等学校。終戦後まで、宗教教育を禁じられる高等女学校にならなかった

☆は 女子高

表2　大阪府下の主な私立高等女学校における制服の変遷（冬服／ 2020年7月現在）

府立高女となったときの校名	府立高女となった年	1900年以前	1901年〜 1915年頃	1916年〜 1926年頃	1927年〜 1938年頃	
大阪信愛高等女学校	1908年	和装 →		セーラー服		
プール高等女学校	1926年	和装 →		セーラー服		
明浄高等女学校	1921年		和装 →	セーラー服		
相愛高等女学校	1906年	和装 →		スーツ		
梅花高等女学校	1913年	和装 →			セーラー服	
四條畷高等女学校	1924年		和装 →	セーラー服 →	スーツ	
金蘭会高等女学校	1908年		和装 →	洋服 →	セーラー服	
大谷高等女学校	1924年		和装 →		セーラー服	
樟蔭高等女学校	1917年			和装 →	セーラー服	
天王寺高等女学校	1922年			和装 →	セーラー服	
愛泉高等女学校	1940年			和装 →	セーラー服	
精華高等女学校	1949年			和装 →	セーラー服	
大阪成蹊高等女学校	1938年			和装 →	セーラー服	
聖母女学院高等女学校	1922年			ジャンパースカート		
帝国高等女学校	1929年				セーラー服	
帝塚山学院高等女学校	1926年				スーツ	
清友学園高等女学校	1941年					
大阪女学院高等女学校	1946年	和装 →			セーラー服	

7 セーラー服が輝いた頃

大正から昭和へと年号が変わった頃、人々が新しい時代に託した期待は大きかったことでしょう。しかし、恐慌や軍事紛争が、徐々に世の中を暗くしていきました。ここでは、戦前、女学生がもっとも輝いた頃を見てみましょう。

写真118・119　ウオーキングレース。清水谷高女では1924年（大正13年）から、チームで時間を競う長距離歩行行事をおこないました。初回は十三大橋北詰から宝塚市の中山寺まで。次からは豊中市の岡町駅から宝塚の「相の松原」に向かうものでした。1枚目の写真は、ゴールまであと少しというところの、猪名川にかかる橋を渡っているところです。2枚目はゴールの写真。競技とはいっても、実態はレクリエーションの要素が大きく、ゴールに着いてからは川の水に浸かって遊んだりして、とても楽しい行事だったようです（清水谷高校同窓会館歴史資料室所蔵）

写真120　修学旅行（卒業記念旅行）写真。長野善光寺。戦前の女学校の修学旅行は非常に豪勢なものでした。8泊9日の日程で、櫻島埠頭から横浜まで豪州航路の豪華客船の一等船客として乗り込んでいった（1926年〔大正15年〕）など、お金をかけた旅行だったようです。これは当時、卒業と同時に結婚する人もかなりいたため、修学旅行が生涯最大の旅行になるから、ということもあったのでしょう（清水谷高校同窓会館歴史資料室所蔵）

写真121　修学旅行（卒業記念旅行）。熱海の海岸を散策する生徒たちの後ろ姿
（出典：『大阪府立清水谷高等女学校　昭和十二年三月第三十四回卒業記念』、清水谷高校同窓会館歴史資料室所蔵）

写真122　雪合戦。1931年（昭和6年）2月10日、大阪では珍しく雪が積もりました。校長が、1時限目の授業をやめてみんなで雪遊びをしよう！と言ったそうで、雪だるまを作ったり、雪合戦をしたりしました（清水谷高校同窓会館歴史資料室所蔵）

写真123　ひな祭り。戦前の女学校ではひな祭りがよくおこなわれていたようで、清水谷高女でも、講堂で盛大なお祭りがありました（出典：『大阪府立清水谷高等女学校　昭和十年三月第三十二回記念』、清水谷高校同窓会館歴史資料室所蔵）

写真124　1931年（昭和6年）4年生学級写真。戦前の清水谷のセーラー服がもっともそろっていたと思われる時期です。衿は比較的大きく、ネクタイ生地は衿と共布（ポプリン）を使った、硬めの生地のものでした（清水谷高校同窓会館歴史資料室所蔵）

8 戦時体制と制服

セーラー服の改変

一九三一年（昭和六年）の満州事変、三二年（昭和七年）の上海事変、そして三七年（昭和十二年）の日中戦争と、日本は大陸での紛争を拡大させるなか、女学校生活から華やかさが失われていきました。学校生活が軍隊式になっていきます。加えて、資源の節約がいわれ、制服にも少しずつ影響が出てきました。清水谷高女では、セーラーカラーが小さくなり、胸当てがなくなっていきました。

『清水谷七十年史』には、服装についてこう書いてあります。

昭和一三年頃までは、服装の変化は殆どなく、夏・冬共に大正末期制定のものがそのまま着用された。変化と言えば髪紐の色（一年赤、二年橙、三年緑、四年水色、五年紫）の変化位であった。

即ち昭和一四年度入学生からは、非常時の我国の現状から少しでも資源愛護のためというので、あの茶色の冬の帽子は見られず、冬期は無帽となり、ネクタイも、薄手の三角巾となり、上衣も、小学校時代のセーラー服に替襟だけをつける事も許されたので、多少型の変わったものも認められるようになった。[17]

この間の事情を知らない卒業生から「生徒の服装が乱れている」と学校に問い合わせがくることがたびたびあったようです。

写真118・119の「ウオーキングレース」という行事も、名前が時局にふさわしくないということ

写真125　1931年（昭和6年）頃の清水谷高女の制服（清水谷高校同窓会館歴史資料室所蔵）

写真126　1941年（昭和16年）頃の清水谷高女の制服。襟が小さくなり、胸当てが廃止されます（清水谷高校同窓会館歴史資料室所蔵）

写真127　1943年（昭和18年）頃の清水谷高女の制服。さらに襟が小さくなり、名札を着けるようになります（清水谷高校同窓会館歴史資料室所蔵）

写真128・129　陸軍歩兵37連隊の見学（清水谷高校同窓会館歴史資料室所蔵）

写真130　防空訓練の際の救護班。防空頭巾をかぶっています（清水谷高校同窓会館歴史資料室所蔵）

とで「強歩競争」とし、さらには「団体徒歩鍛錬」と改名して、隊列を組んで行軍するというものになりました。

また、兵営の見学が一九三三年（昭和八年）から始まりました。『清水谷百年史』[18]によると、陸軍歩兵三十七連隊に行ったようです。

新制服という名の国民服

中国大陸での軍事紛争が泥沼化していくなかで、国粋的な言論が力を増し、人々の日常生活への干渉が厳しくなっていきました。

早くも一九三八年（昭和十三年）三月には、富山県の高等女学校校長会議でセーラー服の着用禁止が決まりましたが、その理由は「セーラー型はそもそもアメリカ・フラッペが水兵生活にあこがれて真似たもので、優美、衛生、経済、便利の点からいつて新時代の女学生にはふさわしくない」という判断によるものです。フラッペというのは、フラッパー（Flapper）のことでしょう。十代の女性を軽蔑の意味を込めて呼ぶ俗語です。

彼らがいう「新時代」とは、戦時体制のことでした。来るべき「新時代」に銃後の護りを担うべき女学生が、軽薄なアメリカ人と同じようなセーラー服を着ていてはいけない、という富山県の校長会議の議決でした（会議で決められた新しい制服はダブルのブレザーでしたが、実際に富山県の高等女学校でこれが制服として制定されたことはなかったそうです[19]）。

富山でのセーラー服禁止の議決は、国策を意識した先走りだったと思われますが、女学生の服装を統一したものにしようという動きは各地で起こりました。物資の供給が逼迫してきたこと、農作業や工場労働などでの作業性などのほか、精神論に関わる部分も大いにあったのではないでしょうか。

服装に一定の基準を設けることによって標準化し、資材の有効化と縫製の簡易化を図ろうという動きは男性の国民服が先行しますが、女性の服装については難航しました。全く新しい服装にするのがいいのか、すでに全国に普及しているセーラー服のままでいいのか、あるいはジャンパースカートがいいのではないかなど議論が百出して、容易には決められなかったようです。大阪でも、大阪府女学生制服研究委員会が発足し、新しい制服の提言をまとめていました。(20)

さまざまな意見が出るなか、ついに文部省は一九四一年(昭和十六年)一月二十八日に「学校生徒の服装統制ニ関スル件」という通牒を出し、全国統一の服装が国によって定められました。これによって各学校が定めていた制服は廃止されることになりました。この服装は、正式には「文部省標準服」ですが、清水谷高女ではこれを「国民服」あるいは「決戦服」とも呼んでいたので、本書ではそのように表記します。

このときの清水谷高女での規定は、以下のようなものでした。

第一条　生徒は本校所定の服装に従ふべし。
第二条　本校生徒の服装は左の規定による。
上衣　色相紺色但し夏衣は白色。生地「サージ」の類、但し夏衣は「ポプリン」の類(孰れも商工省の規格品とす)
製式　イ、前の合せ方は左を上にす。(右前合せ)
ロ、前釦は三個としその色相は生地と同系色とす。
ハ、襟は「ヘチマ型」と為し夏衣を除くの外、白の覆襟(カバー)を付す。
ニ、袖付けは山を低くし前後の剳りを均しくす。
ホ、袖先に襞をとり約四糎の袖口(カフス)を付し釦がけとす。
ヘ、暑熱の時期に在りては半袖とす。
ト、帯(ベルト)を付す。但し其の幅は三・五糎とし留具(バックル)を以て締むるものとす。
チ、物入れは左胸部に外式一箇を付す。
リ、丈は背丈より約十五糎長くす。
袴（スカート）色相紺色。　生地「サージ」の類（商工省の規格品とす）。
製式　イ、襞なし裾開きとし裾廻りは百八十糎以上とす。
ロ、丈は靴なしにて床上約三十糎以上とす。
ハ、上部は胴衣に釦がけとするか又は縫付けとす。
ニ、物入れは左右両側に各縦内式一箇を付す。
外套　色相紺色。生地絨又は布。
製式　イ、箱形の片前とし前の合せ方は上衣に同じ。
ロ、前釦三箇を一行に付し、其の色相は生地と同系色とす。
ハ、襟は小開きの立襟とす。
ニ、端袖（カブラ）を付す。
ホ、物入は左右両側に各外式蓋付一箇を付す。
其の他
イ、袴の下には膝下までの同色中穿き（ブルーマース）を穿く。
但し夏は適宜とす。
ロ、靴下は中穿き（ブルーマース）と多少重なる長さのものを穿く。
但し当分の間厳冬の候を除きては短靴下を用うることを得。
ハ、上衣及外套の上前見返しに校名学年級氏名を付すべき片布を付す。
ニ、上衣及外套の上前見返しに校名学年級氏名を附するべき片布を附す。
ホ、帽子は用ひず。但し夏帽は着用するものとす。
ヘ、夏帽は生パナマ製山高とし、リボンは黒色絹組紐とす。
ト、ブルーマースは黒色とし地質はは随意とし、体操の時は之を着用する

写真131・132　「国民服」イラスト。ヘチマ襟と呼ばれる、白くて短い襟。胸下のベルトが印象的です
（出典：大阪府立清水谷高等学校百周年記念事業実行委員会編『清水谷百年史』大阪府立清水谷高等学校百周年記念事業実行委員会、2001年、127ページ）

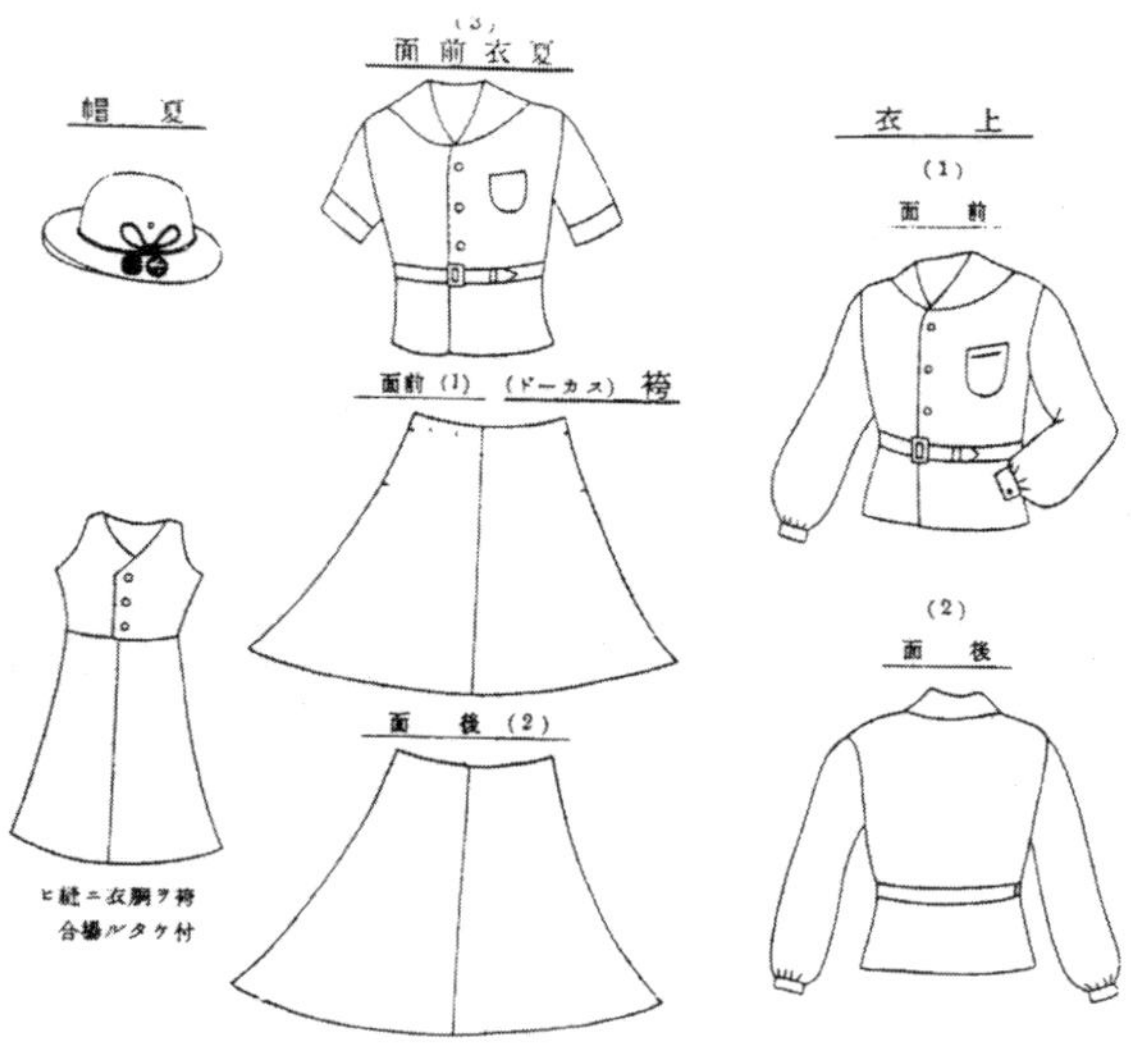

ものとす。

チ、スエーターは黒色又は紺色とし。着用随意とす。
リ、頭髪は垂髪とし且つ髪紐を左の如く定む。一年赤、二年橙、三年緑、四年水色、五年紫(21)。

この新制服は新入生からの着用とされたので、在校生はセーラー服のまま登校していました。また、姉のお下がりがある場合には、セーラー服の着用が許されていました。しかし、翌年の一九四二年（昭和十七年）九月二十一日の職員会議で「本校に於いては、冬服より一、二年生は新制服に統一し、儀式及び校外に団体として出場の場合は必ず之を着用せしむ(22)」と決めています。これは、全国統一の新制服を生徒に着用させていることを、対外的に示しておく必要があったのだろうと考えられます。

また、一九四三年（昭和十八年）四月からは胸に名札を着けることになり、さらに四四年（昭和十九年）六月以降の名札には、氏名のほかに血液型、所属、年齢を表示させるようになります。

この「国民服」が全国の女学生たちからいかに嫌われたかについては枚挙にいとまがないほどなのですが、教師の間でもかわいらしくないという声が上がりました。

先述の大阪府女学生制服研究委員会の委員長で府立泉尾高等女学校の米井節次郎校長が、文部省が決めた新制服に対して苦言を呈しています。

新制服制定の主旨が物資節約から来てゐる以上こんどきまった新制服の採用に協力すべきでありますが、上衣がセイラー型でないこと、スカートに

写真133　新制服を着用した45回生（清水谷高校同窓会館歴史資料室所蔵）

写真134　清水谷高女の夏の「新制服」。1942年（昭和17年）1年生。新制服制定後に入学してきた1年生の半分ぐらいが、入学時から新制服を着用していたようです（清水谷高校同窓会館歴史資料室所蔵）

写真135　上の写真と同じときに撮られたようですが、学年が上なので、従来からの夏のセーラー服を着用しています。衿は小さく、胸当てがなくなり、袖丈が短くなりました。1942年（昭和17年）5年生（清水谷高校同窓会館歴史資料室所蔵）

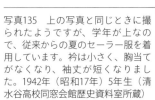

写真136　1943年度（昭和18年度）卒業式。起立している卒業生はセーラー服ですが、後方に着席する在校生はヘチマ襟の新制服です。セーラー服を着ることができなかった学年の生徒たちは、お姉さま方のセーラー服がとてもうらやましかったそうです（出典：『大阪府立清水谷高等女学校　第四十一回卒業記念写真帖』、清水谷高校同窓会館歴史資料室所蔵）

写真137 「橿原神宮参拝を終えて」と添えられた写真で、全員が新制服を着用し、隊列を作って歩いています（清水谷高校同窓会館歴史資料室所蔵）

襞がない点は大阪案と根本的に異なり、新制服では、女学生らしい可愛さが薄れはしないかと心配してゐます。[23]

やはり先生方も、上衣のセーラー服、下衣のプリーツスカートがかわいらしい制服だと考えて、大阪の制服研究委員会でもこれを守りたかったのでしょうが、時代はそれを許さなかったのでした。

モンペ

新制服制定時は、スカートと、その下にはくブルーマースの規定がありました。しかし戦争が激しくなるにつれて、モンペの着用が常態化していきます。

『清水谷百年史』に最初にモンペの記述が出てくるのは一九三八年（昭和十三年）。文部省次官通牒に始まる「集団的勤労作業運動」の実施とともに「奉仕に参加させるためにモンペを作らせている」という箇所です。清水谷高女でおこなった奉仕のなかでも大規模だったのが橿原神宮建国奉仕と大阪護国神社奉仕で、前者は三回、後者は四回おこなっています。

当時の写真を見るかぎり、人力による土木作業のようなものがほとんどだったようです。ただ、当初は、橿原神宮での写真のなかに、腰から下のズボンスタイルのモンペではなく、エプロンとモンペが一体になったような「つなぎ」のような服を着て作業しているカットが残っています。細かいチェックなどの生地で、何人かでそろえて作られているように見えるものがあり、若い女の子たちの歓声が聞こえてくるようにも感じられます。初めは、「勤労作業運動」とはいってもまだまだレクリエーションのような部分も残っていたのかもしれません。

モンペは当初、作業時にはき替えるものとされていました。しかし一九四三年（昭和十八年）頃に警戒警報が発令されると、モンペに着替えることが求められました。また、陸・海軍の記

写真138・139　橿原神宮建国奉仕の一場面。彼女たちが着ている服は「サロペット」にあたるもののようです。エプロンとモンペがつながっているのですが、生徒たちはどう呼んでいたのでしょうか。早期のものはプリント柄の布帛を用いていて、友達とおそろいにして楽しんでいたようです（清水谷高校同窓会館歴史資料室所蔵）

写真140・141　同じく橿原神宮での奉仕作業の写真ですが、先ほどのエプロン付きのモンペとは違って、ボトムスだけになりました。また、学校で使っているブルマーの子もいます。帽子をかぶる子も見られなくなり、戦時体制の進行がうかがえます（清水谷高校同窓会館歴史資料室所蔵）

写真142　授業中の風景ですが、黒板に向かっている生徒はモンペをはいています（清水谷高校同窓会館歴史資料室所蔵）

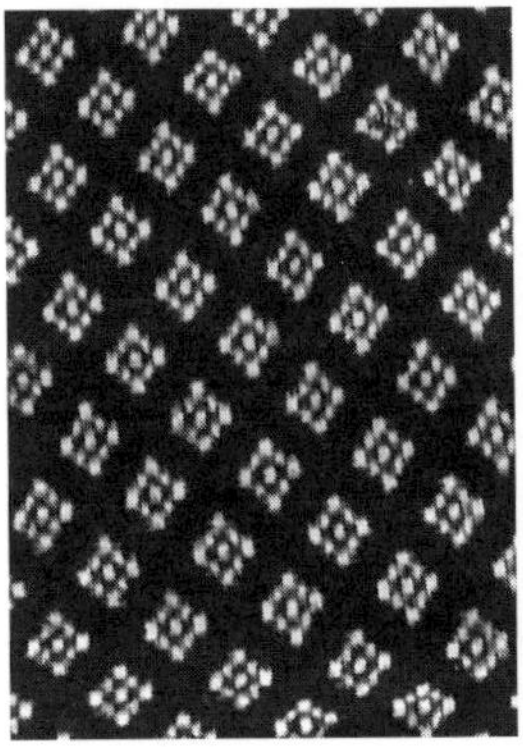

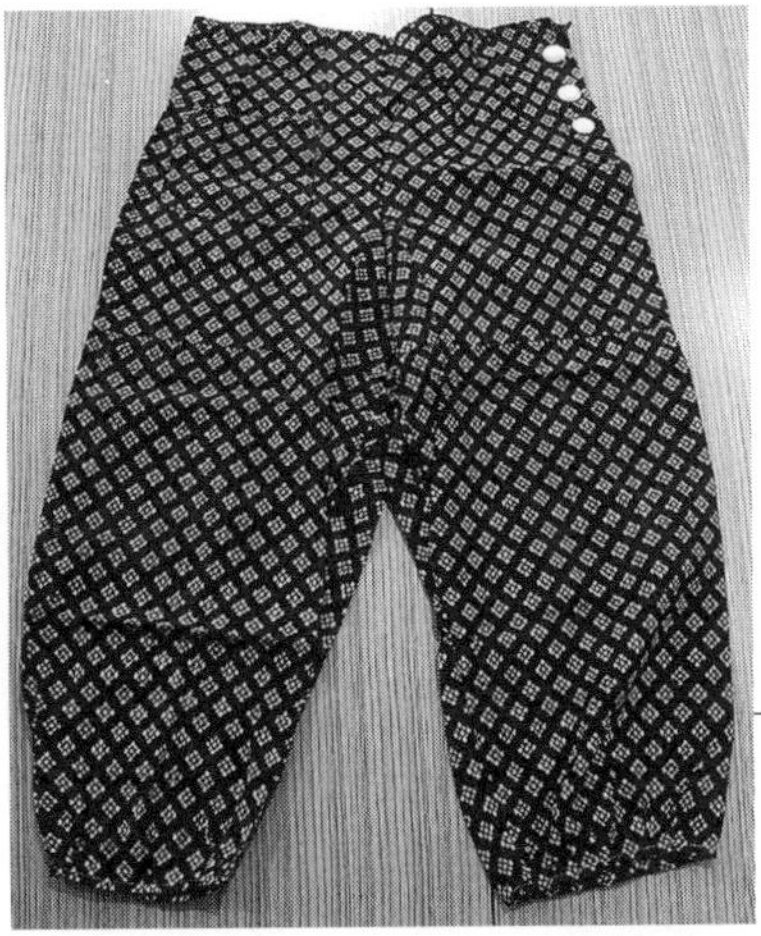

写真143・144　モンペ。清水谷高校同窓会は、卒業生寄贈のモンペを2着所蔵しています。こちらは久留米絣の木綿の生地でできていて、頑丈な作りです。ズボンそのものですが、飾りの「くるみボタン」があしらわれていて、実用一点張りと思われがちなモンペにさえ、女学生の好みが出ているように思えます（清水谷高校同窓会館歴史資料室所蔵）

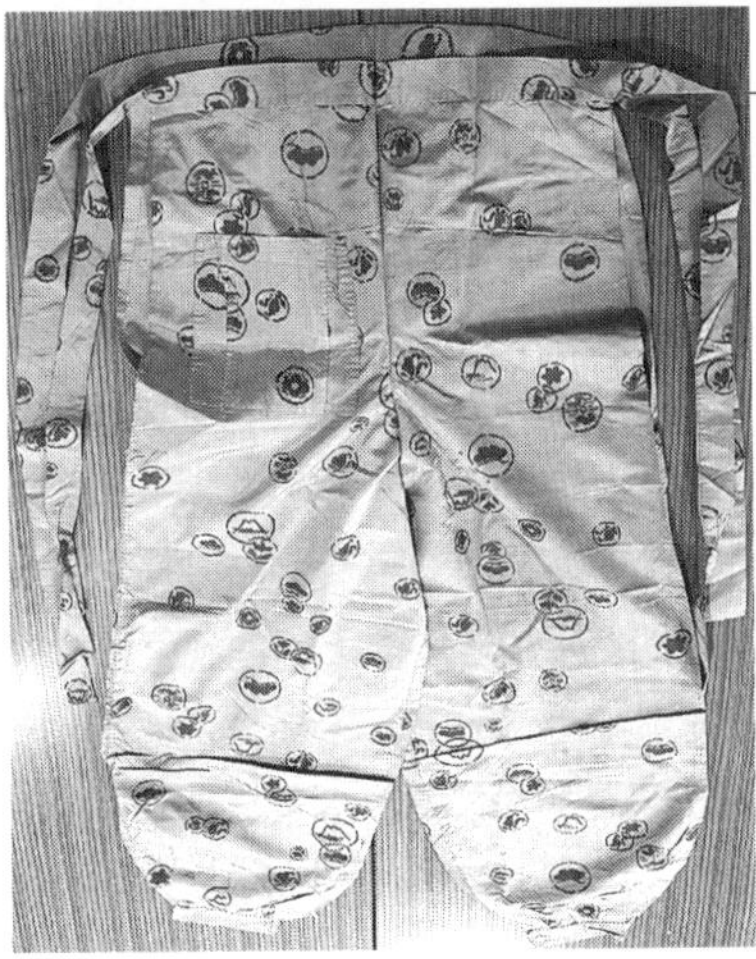

写真145・146　同じ卒業生からの寄贈ですが、こちらは華やかなサンゴ色の生地で作られていて、着物を仕立て直したものかもしれません。通学や校内での授業を受けるときのためのものだったのでしょうか。腰のところを紐で縛るようになっていますが、袴のように「脇あき」が広くとってあり、サイズも余裕があるもので、モンペというよりは「くくり袴」のカテゴリーに入るもののようでもあります（清水谷高校同窓会館歴史資料室所蔵）

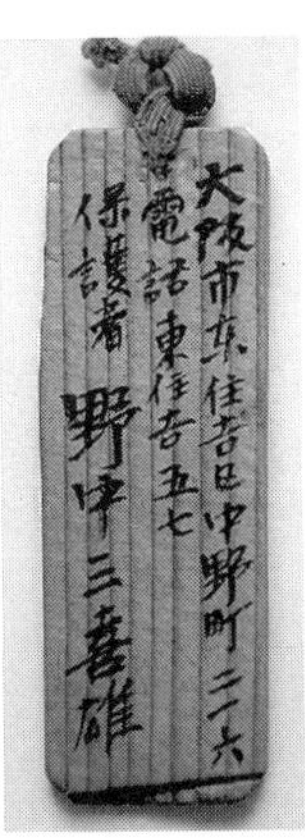

写真147・148　上のモンペ類とともに寄贈された卒業生の木製の名札。表に名前・年齢と血液型、裏に保護者名、住所と電話番号が墨で書いてあります（清水谷高校同窓会館歴史資料室所蔵）

念日などには、大阪市全市で、男子にはゲートル、女子にはモンペの着用が求められたため、市内の女学校の生徒たちはモンペで通学しています。

当初はそういった行事がらみでのモンペ着用でしたが、やがて、一九四三年（昭和十八年）十二月九日には職員会議で「明朝より通学に際し『モンペ』着用を許可(24)」しましたが、実態はモンペの常時着用が求められたのでした。

モンペは、学校の裁縫の授業でも作られました。当時の学級日誌を見ると、家庭の着物類をほどいて仕立て直すべきところを新しい生地を使おうとして教師に叱られた生徒がいた、という記述があります。

また、この頃の風潮として、女性がズボンを着用することを忌み嫌うものがありました。西洋風だから、というのが理由だったのですが、モンペは伝統的な和服の範疇であるという、実に国粋的な理屈を使って全世代の女性にモンペを強制したのです。

勤労動員

一九四〇年度（昭和十五年度）には、陸軍被服廠での勤労奉仕などが五回おこなわれましたが、翌四一年度（昭和十六年度）は五回、四二年度（昭和十七年度）には八回になり、奉仕先も陸軍病院、陸軍連隊区司令部、陸軍造兵廠に変わっていきます。

一九四三年度（昭和十八年度）には十回の奉仕活動をおこなっていますが、陸軍施設だけでなく、民間の軍需工場へも出向くようになります。四四年（昭和十九年）二月十五日から二十九日にかけての「勤労報告隊出動」の勤務先には、東洋製罐、森下仁丹、藤沢薬品、美津濃、蝶屋シャツ製造などの会社がありました。

さらに一九四四年（昭和十九年）一月八日に閣議決定された「緊急学徒勤労動員方策」、三月三十一日の文部次官通牒「決戦非常措置に基く学徒動員基準に関する件」などによって、女学

写真149　陸軍造兵廠第五製作所天ノ川工場に出勤するため集合した清水谷高女報国隊。新制服とモンペのスタイルです。髪形も統一されました（清水谷高校同窓会館歴史資料室所蔵）

写真150　天ノ川工場での作業（清水谷高校同窓会館歴史資料室所蔵）

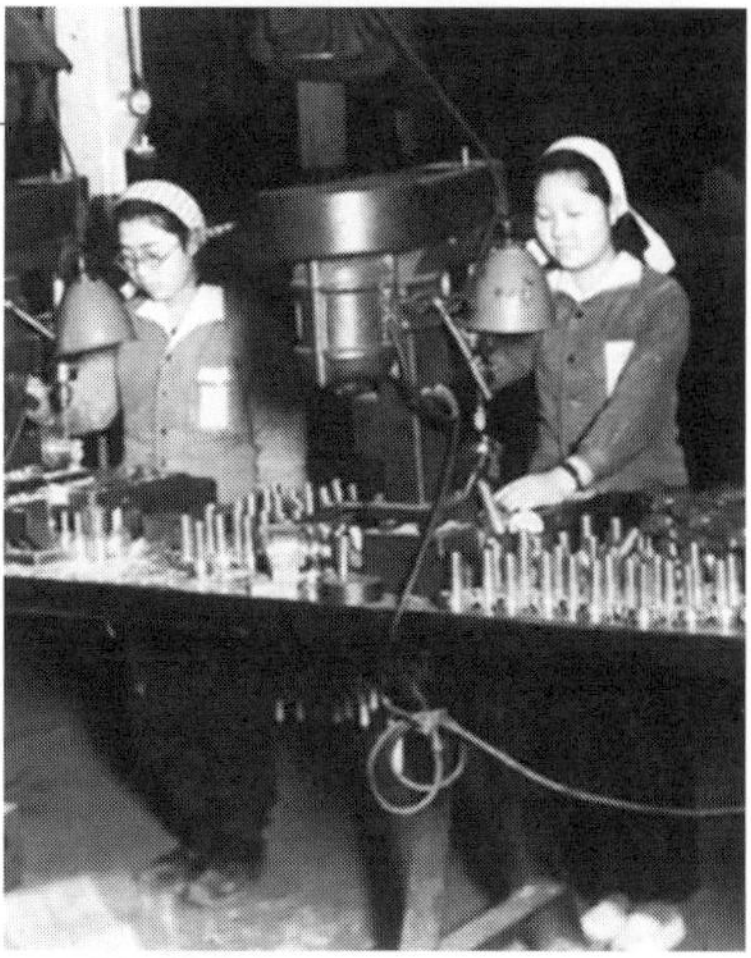

写真151　校内雨天体操場が軍服の縫製工場にされ、学校工場と呼ばれました。数十台のミシンが稼働しました（清水谷高校同窓会館歴史資料室所蔵）

写真152　新制服とモンペ。これが普通のスタイルになりました（清水谷高校同窓会館歴史資料室所蔵）

写真153　新制服とモンペ。体操の授業のようです
（出典：『大阪府立清水谷高等女学校　第四十一回卒業記念写真帖』、96ページ。清水谷高校同窓会館歴史資料室所蔵）

校は学びの場から労務供給源に変わっていきます。日を決めての、それまでの「奉仕」から「通年動員」になります。また学校が工場化され、清水谷高女でも雨天体操場（体育館）にミシンを集めて被服工場としました。遠方の勤務先の場合、工場に作られた寮に泊まり込んだまま何日も帰宅できず、また夜勤もさせられるようになります。軍施設での勤労者は軍属扱いとされ、将校の命令に従って作業することになったのです。

学校では防空訓練が繰り返しおこなわれ、運動場には防空壕が設けられました。また、空いている場所を畑にして、野菜の栽培がおこなわれました。

在校時に警戒警報が出た場合、一、二年生は帰宅させられ、ほかは所定の部署に就いて学校の防空警備の任務にあたりました。具体的には、消火やけが人の救護などが割り当てられていました。

そして、一九四五年（昭和二十年）六月一日、第二回大阪大空襲によって清水谷高女にも焼夷弾が落とされ、五人（生徒四人、職員一人）の尊い命が失われます。

空襲から三日後の六月四日、職員会議で「夏服　敵機の目標となる懼れあるにつき、白服に代わり決戦服にて登校のこと」[25]と決められます。爆撃もさることながら、通行人を狙った機銃掃射による被害が大きかったためでしょう。ここで使われている「決戦服」というのは「新制服」のことです。黒もしくは紺という色ではカモフラージュは期待できなかったはずですが、白よりはましと考えられたのかもしれません。

注

（1）清水谷紀要編集委員会編『清水谷の70年——清水谷紀要特集号』大阪府立清水谷高等学校、一九七一年、二四ページ
（2）大阪府立清水谷高等女学校『校規一班』大阪府立清水谷高等女学校、一九〇三年、四二ページ
（3）大阪府立清水谷高等女学校編輯部編『創立三十周年記念誌』大阪府立清水谷高等女学校、一九三一年、

二四ページ

(4)「大阪朝日新聞」一九二〇年二月三日付

(5)大阪府立清水谷高等学校百周年記念事業実行委員会記念誌委員会編『清水谷百年史』大阪府立清水谷高等学校百周年記念事業実行委員会、二〇〇一年、一二二ページ

(6)同書一二三ページ

(7)同書一二三ページ

(8)同書一二三ページ

(9)同書一二四ページ

(10)同書一二五ページ

(11)同書一二五ページ

(12)同書一二五ページ

(13)「女学生の服装」「大阪朝日新聞」一九二八年五月四日付

(14)前掲『清水谷百年史』一二五ページ

(15)同書一二五ページ

(16)同書一二六ページ

(17)前掲『清水谷70年史』二四ページ

(18)前掲『清水谷百年史』一二七ページ

(19)刑部芳則「日中戦争と太平洋戦争における高等女学校の制服——セーラー服と文部省標準服」「総合文化研究」第二十四巻第一・二・三号合併号、日本大学商学部、二〇一九年(https://www.bus.nihon-u.ac.jp/wp-content/uploads/2019/08/23-1-2-3_OsakabeYoshinori.pdf[二〇二〇年六月二十日アクセス])

(20)同論文

(21)前掲『清水谷百年史』一二七―一二八ページ

(22)同書一二九ページ

(23)前掲「日中戦争と太平洋戦争における高等女学校の制服」

(24)前掲『清水谷百年史』一二九ページ

(25)同書一二九ページ

第4章　戦後——清水谷高校の制服

1　終戦直後の服装

一九四五年（昭和二十年）八月十五日、玉音放送で日本がポツダム宣言の受諾を明らかにしたことによって敗戦が決定します。これによって、勤労動員が解除されて生徒が学校に戻ってきますが、生徒たちは勉強よりも先に、空襲で焼け野原になった学校周辺の片付けから始めなければなりませんでした。また、荒廃した校舎の片付けや清掃、防空壕つぶし、さらに耕作地の世話と、十月の初め頃までは授業ができなかったようです。

生徒の服装は当時、たいへん混乱していたようです。「ヘチマ衿の新制服」「セーラー服の旧制服」のほか、あり合わせの洋服で登校していた生徒もたくさんいました。

周辺の焼け跡整理や野菜の耕作などの野外作業が依然として続いていて、授業が正常化するには多くの日数を要しました。そのようななかで、十一月十七日の合同終礼で生徒に対して服装の注意がありました。学級日誌から抜粋します。

それから服装・髪について御注意がありました。昔の清水谷に返る。

写真154　終戦直後の清水谷高女周辺の写真。本校校舎だけが焼け残りました（清水谷高校同窓会館歴史資料室所蔵）

写真155　学校周辺の焼け跡の片付けの様子（清水谷高校同窓会館歴史資料室所蔵）

第一、髪について　髪の長さは一にぎりから一にぎり半まで、そしてすじ目をはっきりつける事。三年以上は三つあみにしてよいが、一・二年はませてみえるからしない事。髪紐もなるべく赤・だいだい・緑・青に無理とはいはないがと仰有った。

次、上衣　モンペの上からきる旧制服の人は腰骨まで。カラーも汚れていない様、何時も清潔にしておく事。下衣は横の方から下の物がちょろちょろ見えない様にする。あまり感じのよい物でないから見せない様にする。色はなるべく紺がよい。紙やハンケチもなるべくもつ事。ない場合は先生の所へでも云ひにくればハンケチを半分にしてでもあげるから。それからバッチ、指輪などをつけてゐるが、在学中はしまっておく。卒業してからつける様に。これから度々服装検査も厳重に行う。已むを得ない人は先に担任の先生まで申出る事。乙型の上下着てゐる人は衿五センチ、なほせる人はなほす。冬は袷、夏は単衣にするのがよい。そして衿は白いカラーをつける。すっきりと見えるからつけるとよい。袖口にはカフスをつける事など細々しくご注意がありました。[1]

ここでいう「乙型の上下」というのは、「新制服」のことです。

2
徐々にセーラー服が復活

戦争が終わった翌年、一九四六年五月六日の職員会議では、制服をどうするかについての決定がありました。旧制服、すなわち以前のセーラー服が徐々に増えてきて、保存してあったセーラー服だけでなく、新たに仕立てる生徒が徐々に出てきたことを受けてのことでした。「制服問題に就いて／近時旧制度の制服を新調する傾向あり如何にすべきか。／『結論』配給等関係より新制度の制服を本体とす。但し事情により旧制の制服も黙認する」[2]ということになったのです。一九四六年の時点で、昔のセーラー服を新調することができた家庭はかなり裕福だったと思われますが、親はこの時期、無理をしてでも、戦争を思い起こす服装を捨てて、平和だった時代のセーラー服を娘に着せてやりたいと思ったのではないでしょうか。

同年五月二十七日には職員会議で「自律会決定事項報告／(略)(ハ)スカート着用は随時、短靴下にてもよろしい。体操のときはブルマー着用。／(ニ)制服について　旧制服にても可。式日は白ネクタイ、襟カラーを除く」[3]として、徐々に旧制服、つまり大正からのセーラー服に戻っていきました。

自律会というのは現在でいう生徒自治会のことです。当初は「校友会」でしたが、一九四〇年(昭和十五年)に「報国団」と名前を変えました。終戦によって「自律会」と改称しています。のちの四九年には、占領軍の命令によって「自治会」に移管し、現在に至っています。

戦時中は、校内では素足励行でしたが、靴下を許されるようになり、また名札を胸に着ける規則も廃止されました。通学時の襟巻きや手袋も自由にできるようになりました。

3 新しい学制と共学化

学制が変わり、それまでの中等学校と高等女学校は、ともに新制の高等学校になりました。高女は、国民学校初等科を卒業した十二歳で入学し、五年間の学習を終えて十七歳で卒業する、というものでした。学制の変更によって、生徒たちは新たに作られた義務教育機関である中学校を卒業した十五歳で高等学校に入学し、その後三年間学んで十八歳で卒業することになったのです。

また、公立の高等学校の多くが男女共学になりました。清水谷高等学校は近くの府立高津高等学校との間で男女半数程度の交流(入れ替え)をおこない、共学校になります。一九四八年

写真156　1948年（昭和23年）制定の校章。従来の校章は糸で制服に縫い付けるものでしたが、新しい校章は裏面が安全ピンに変わりました（清水谷高校同窓会館歴史資料室所蔵）

写真157 「清水谷」と校名を縦書きにしたバッジ。これも裏面が安全ピン仕様になっています（清水谷高校同窓会館歴史資料室所蔵）

四月のことです。ただ、この男女の交流は全学年にわたるものではなく、四月に入学した一年生と過渡的に作られた併設中学三年生の、二学年に対しておこなわれました。ですから、二年生以上は女生徒ばかりでした。清水谷高校が全学年で共学になるのは、二年後の五一年のことです。

大阪ではほかにも、府立大手前高女と府立北野中学校、府立夕陽丘高女と府立天王寺中学校、府立泉尾高女と府立今宮中学校、府立阿部野高女と府立住吉中学校という具合に、高等女学校と中等学校が男女交流をおこない、共学の新制高等学校として再出発したところがたくさんあります。

清水谷高校では、女子生徒が徐々に一九三〇年代頃のセーラー服に戻っていきますが、夏服の袖丈は七分袖に戻ることなく、半袖が定着しました。またスカートも、上半身の肌着と連結するものが廃止され、腰から下だけの、現在と同じ形のものに変わりました。

また、徽章も新しいものが作られました。

これまでの校章は白梅と流水をあしらったもので、文字は書かれていないシンプルな逆三角形のものでした。新制高校になってからの校章は、「六稜《ろくりょう》」（旧北野中学から始まる大阪の中等学校のシンボル）と高等学校を表す「高」の文字が白梅に組み合わさる形になりました。新制度の高等学校発足時からのデザインが今日に続いていますが、かわいい徽章を作ったのはよかったと思います。また、漢字三文字縦書きの「清水谷」というバッジも作られ、胸ポケットには二つのバッジが並んで着けられることになりました。

4

着こなしの変化

卒業アルバムの集合写真や学級写真などから、セーラー服の着方の変遷をたどることにしま

写真158　年不詳。戦後すぐと思われる清水谷高女の学級写真。ヘチマ襟の「新制服」とセーラー服が混在しています。セーラー服の襟や胸当て、ネクタイもいろいろなものがあり、統一されてはいません（清水谷高校同窓会館歴史資料室所蔵）

写真159　1953年度学級写真。女生徒は全員がセーラー服になりました。この頃のネクタイは、シングルノットの結び方が主流だったようです（清水谷高校同窓会館歴史資料室所蔵）

写真160　1960年度卒業記念アルバムから。ネクタイを左右の前襟からまっすぐに垂らし、先のところで両端を小さく結ぶとともに、前襟の下で左右のネクタイと前身頃をタイピンで留めていました。この結び方は長く続きました
（出典：『清水谷高等学校1960年卒業アルバム』、清水谷高校同窓会館歴史資料室所蔵）

写真161　1961年度学級写真（清水谷高校同窓会館歴史資料室所蔵）

写真162　1967年度学級写真（清水谷高校同窓会館歴史資料室所蔵）

写真163　校章バッジ（タイピン）（清水谷高校同窓会館歴史資料室所蔵）

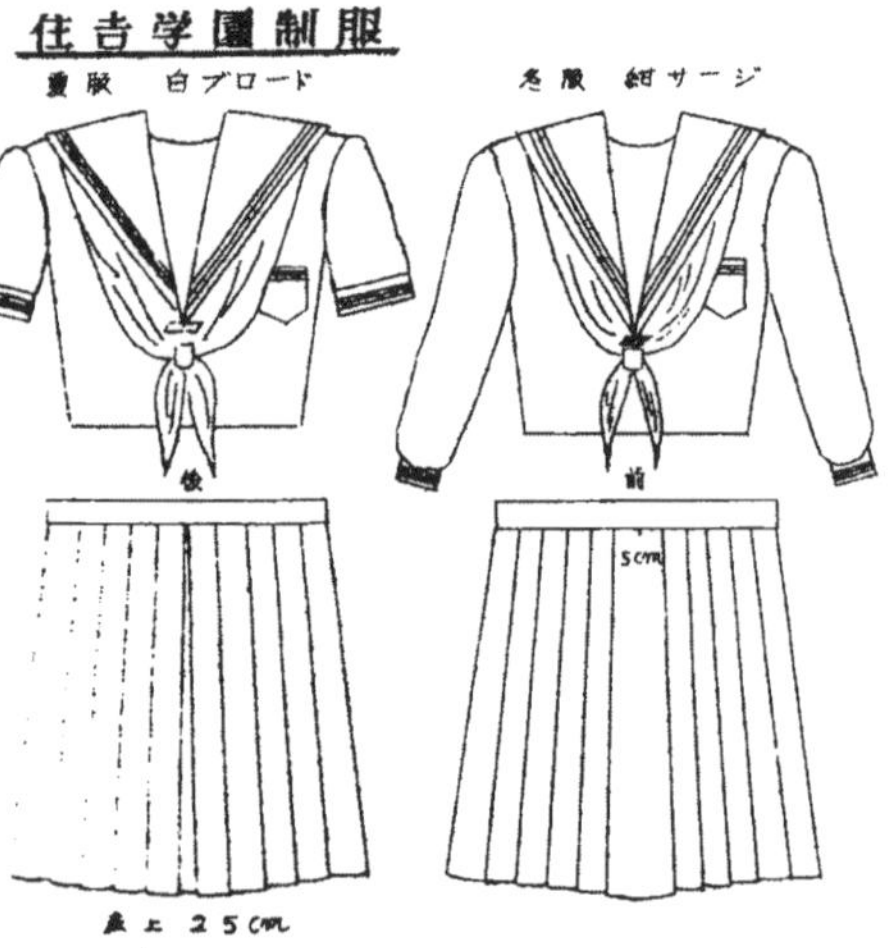

写真164　住吉学園の制服
（出典：住吉学園創立50周年記念誌編纂委員会編『創立50周年記念誌』住吉学園、1990年、65ページ）

写真165　帝塚山学院夏服
（出典：「制服紹介」「帝塚山学院中学校高等学校」〔https://www.tezukayama.ac.jp/cyu_kou/schoollife/uniform/index.html〕［2020年4月16日アクセス］）

しょう。特にネクタイの結び方について、時代とともに変わっていった様子を見て取れると思います。

戦後間もない頃と思われる写真では、まだセーラー服とヘチマ襟が半々ぐらいです。セーラー服も、襟の大きさ、胸当てや胸ポケットの有無もばらつきがあります。また、この頃は各クラスに数人、白生地の衿カバーをしている女子生徒がいますが、青いカバーの入手が難しかったのかもしれません。ネクタイは、男性用ネクタイのプレーンノットと同じ形の結び方のように見えます。一九五三年（昭和二十八年）もあまり変わらない様子ですが、スカートが長いのが

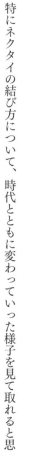

写真166　1986年度卒業記念アルバムから。ネクタイを下まで垂らさず襟のあわせのところで左右を結び付ける方式が流行したようです
（出典：『大阪府立清水谷高等学校'86』、清水谷高校同窓会館歴史資料室所蔵）

この年の特徴でしょうか。

一九五〇年代後半から九〇年代にかけて、清水谷のネクタイは独特の結び方に統一されました。左右の前襟からネクタイをまっすぐに垂らし、両端を先のところで小さく結びました。そして、ちょうど前襟の三角の下の端のところで、左右に垂れているネクタイのほぼ中間部あたりを校章のバッジで留めていました。新入生に対して、こういう結び方をするように、という指導があったようです。

いまは大阪のセーラー服でこの結び方をしているところはありませんが、一時期は住吉学園でも同じような結び方をしていました。また、帝塚山学院の夏の白いブラウスでは、いまもこの形に結んでいます。

写真167　1995年度学級写真から。ネクタイを小さく見せる流行があったようです（清水谷高校同窓会館歴史資料室所蔵）

写真168　2003年度学級写真。ネクタイを前襟のあわせのところで大きく結ぶ生徒が多かったようです（清水谷高校同窓会館歴史資料室所蔵）

写真169　2006年度卒業記念アルバムから。この当時がネクタイのいちばん混乱していた頃のようです。卒業写真にもかかわらず、ネクタイをしない生徒が現れました
（出典：『大阪府立清水谷高等学校 第58期 生2006年 卒 業 記念』、清水谷高校同窓会館歴史資料室所蔵）

写真171　新たに採用された、成形リボンのネクタイパーツ。このパーツが最初に見られるのは2010年度の卒業アルバムなので、07年の入学のときに、これに変わったのだと思われます（清水谷高校同窓会館歴史資料室所蔵）

写真170　それまで乱れていたネクタイの結び方が、新しい成形パーツの採用できれいに統一されました
（出典：『大阪府立清水谷高等学校第62期生2010年』、清水谷高校同窓会館歴史資料室所蔵）

写真172　襟の内側にホックで留めるようになっています（清水谷高校同窓会館歴史資料室所蔵）

しかしこのネクタイの結び方は、二〇〇〇年頃から崩れだします。卒業アルバムを順番に見ていくと、クラスによって小さな流行があったり、まったくバラバラになっていたりしています。卒業写真なのにネクタイをしない生徒が少数ながら現れた年もありました。

このためネクタイの装着を容易かつスピーディーにできるよう、新たな形が生まれました。

それは、服装の乱れを食い止めたいと考えた教職員の取り組みによるものだったそうだす。この新たな形のネクタイは成形ネクタイの一種になります。明浄学院高等学校が戦前から採用していたのと同じようなパーツですが、大きさは明浄学院高校のものよりも二回りぐらい大きいものです。

このタイプのネクタイの導入によって、上衣の着脱が楽になり、また結び方がそろったものになるため、個人差がなくなりました。大成功だったと思います。

ネクタイはこのような変遷がありましたが、セーラー服の上下はあまり変更されることはありませんでした。ただ、スカートのプリーツについては、戦後、飛躍的に縫製技術が向上したことが卒業写真から見て取れます。

5 制服廃止・自由化の波

一九七〇年前後、日本では学園紛争の嵐が吹き始めました。全国の主要大学で学園紛争が起こり、全学ストライキやバリケード封鎖がおこなわれましたが、その余波を受けるようにして、各地の高校でも紛争が勃発しました。

大阪府下でも、多くの高校で闘争がありました。そのなかには、「生徒規則廃止」と並んで「制服廃止・自由化」を学校当局に要求したところが多くありました。一九七二年の大阪府教育委員会調査によると、九つの府立高校で、それまでの制服が自由化、あるいは標準服扱いになりました。天王寺、住吉、阪南、富田林、夕陽丘、布施、箕面、市岡、和泉工業の各校です。また、試験的に期間を設けて私服通学を認めたのは池田、八尾、羽曳野の各高校でした。また、検討中としたのは港、今宮、豊中、枚方の四校でした。

ただ、各校によって、その後完全に自由化してしまったところや、標準服を改めて制服に戻したところ、また標準服とはいっても着用率一〇〇パーセントで実質制服というところがあります。

清水谷高校では、一九六九年から七〇年に、ヘルメット姿の生徒がバリケード封鎖をしたため機動隊が入るという事態になりました。

ただ、その結果として、生徒規則や制服がなくなったわけではありませんでした。職員会議で制服の存続について検討されたのは紛争が沈静化した一九七二年十一月九日のことで、この職員会議の前月におこなわれた文化祭で、制服の存続の可否をテーマとする発表をおこなったクラスがあり、生徒自治会から制服自由化について、職員会議に申し入れをしたようです。以下、『清水谷八十年史』から引き写します。

制服賛成の意見としては

1. 清水谷高校生としての自覚と連帯感を持たせる
2. 清水谷の制服に対する愛着から廃止するにしのびない
3. 制服は服装について気をつかわせずにすみ、経済的である 自由化は服装の差による優越感や劣等感を助長する。
4. 非行化防止、校外でも他校生から識別できる
5. 盗難防止（外部の人を識別できる）
6. 学校らしい雰囲気をつくる
7. 自由化要求は学校による規制一般に対する心情的な反発に由来するものが多く、自由化しても、自主性や責任感の育成にはならない
8. 自由化を認めることはきままで放縦な風潮を助長して、集団としての規律がますます守られなくなる
9. 一度自由化すれば、再び戻ることはないから慎重に

これに対して、制服自由化賛成意見としては

1. 制服制度は、管理主義的、画一的教育の産物であり、廃止は時間の問題である
2. 服装は本来個人的なもので、規制されるべきではない
3. 服装は個性の表現である。自分の服には自分で責任をもて、退廃的服装は禁止するの

ではなく、批判させよ

4．私服の方が活動的である。校外ではほとんど私服であり制服制度に経済面での、また生活指導上の利点があるにしても僅小である

5．現在、異装者の指導に手をやいている。自由化した方が無駄な努力を消耗しないで済む

6．制服は気温の変化に適応できず、堅苦しいし、洗濯しにくい

今後の問題として、

1．制度の決定についての生徒の理解が必要である

2．周囲の状況に流されやすいので、自覚が必要

3．ＰＴＡ委員会では自由化に絶対反対である

――があげられた。そして問題は自治会に戻され、自主的解決の方向に向かった。

当時、生徒の一般的傾向としては、男子は自由化に賛成、女子は自由化に反対で、女子がこの制服に抱いている愛着がうかがわれた。結局、その後、特別な進展もなく、制服を守り抜いた形で今日に及んでいる。(4)

（読みやすくするため、適宜改行しています）

結局、清水谷では服装の自由化までには話が進まず、制服がそのまま残りました。あるクラスでは、男子の一部がホームルームで服装の自由化を提言したところ、女子全員が団結して罵倒し、コテンパンにやっつけたということがあったそうで、彼女たちには「この服を着たくてこの学校にきた」という強い意識があったのでしょう。

注

(1) 清水谷高等女学校「学級日誌」昭和二十年度四年ろ組、清水谷高校同窓会館歴史資料室所蔵
(2) 前掲『清水谷百年史』一二九ページ
(3) 同書一二九ページ
(4) 清水谷高等学校『清水谷八十年史――戦後史を中心に』大阪府立清水谷高等学校、一九八一年、一七一―一七二ページ

第5章 清水谷セーラー服をめぐるエピソード

1 セーラー服のパーツをみる

上衣

清水谷高校同窓会館歴史資料室では、冬服と夏服の二つのセーラー服を展示しています。冬服の襟には、青色の襟カバーが付きます。清水谷の制服の最大の特徴である襟カバーです。

大阪には、戦前の女学校の時代から青色系の襟カバーをもつセーラー服がたくさんありました。しかし現在では、高校では清水谷高校、泉陽高等学校、夕陽丘高等学校の三校に減ってしまいました。ただ、堺市などの公立中学校には、まだたくさんの青い襟カバーが存在します。

清水谷高校では、式典の際にはこの襟カバーを外し、ネクタイも白のネクタイに着け替えます。このようなコーディネートは制服制定以来の伝統的なものですが、先述の夕陽丘高校と泉陽高校ではおこなわれていません。しかし、明浄学院高校では、同じように式典時に襟カバーを外して白のネクタイに替えるというモードチェンジをしています。

写真173　冬服と夏服（清水谷高校同窓会館歴史資料室所蔵）

写真174　冬服左脇ファスナー（清水谷高校同窓会館歴史資料室所蔵）

写真175　夏服左脇ファスナー（清水谷高校同窓会館歴史資料室所蔵）

写真176　襟カバーが重なる様子。本襟よりも少し大きな襟カバーが上から重なることによって、本襟は全く見えなくなっています（清水谷高校同窓会館歴史資料室所蔵）

写真177　襟カバー（スナップ留め）。襟カバーはスナップで本体と連結されます（清水谷高校同窓会館歴史資料室所蔵）

写真178　襟カバーの全体（清水谷高校同窓会館歴史資料室所蔵）

清水谷の象徴ともいえる青い襟カバーですが、制定当時は「濃き空色」と表記されていました。また「大阪朝日新聞」に「藍鼠色の替カラー」と書かれたこともあります。

この襟カバーは、本襟に対して少し大きめに作ってあり、普段使いのときに襟にかぶせるようにします。上衣数カ所に小さなボタンが付いていて、これに襟カバーのボタンホールを留めるようにしています（一部には、衿カバーをマジックテープで取り付けるようにしたものもあったようです）。

なお、このパーツは「替え襟」と呼ばれることも多かったようです。ただ、厳密には、セーラー服の替え襟というのは本襟そのものが上衣から分離できるように作ってあるものを指すので、本書では「襟カバー」で統一しました。

写真179　式典時の服装。襟カバーを外して、ネクタイを白のバータイに着け替えます（清水谷高校同窓会館歴史資料室所蔵）

写真180　冬服の胸当て（清水谷高校同窓会館歴史資料室所蔵）

写真181　夏服の胸当て。脱着しやすくするためにいちばん上にフックが付いているものもあります（清水谷高校同窓会館歴史資料室所蔵）

胸当て

セーラーカラーが大きくなるほど前身頃が大きく開くため、胸元を隠すための「胸当て」が必須です。襟が小さいセーラー服の場合は、これは不要になります。清水谷の現在のセーラー服は、関西では標準ともいうべきやや大ぶりのタイプに属するので、この胸当てをなくすことはできません。ただ、戦時中は襟を極端に小さくし、胸当てをなくしてしまったことがありました。

清水谷セーラー服の胸当ては、写真180のように逆三角形の左側が前身頃に縫い付けられていて、右側にスナップが付いています。

写真183　夏服の袖口（清水谷高校同窓会館歴史資料室所蔵）

写真182　冬服の袖口（清水谷高校同窓会館歴史資料室所蔵）

袖口

袖口は折り返したカフスになっていて、三本のライン（細いリボン・紐）が入っています。ラインは、襟や胸当て、ポケット口と共通です。冬服と襟カバーには白、夏服には黒の幅三ミリほどの紐をミシンで叩き付けてあり、ラインの間隔は五ミリほどです。

胸ポケットのライン

浅いV字の三本線をもつ高校セーラー制服は、希少なものになりました。

写真184　冬服の胸ポケット（清水谷高校同窓会館歴史資料室所蔵）

写真185　夏服の胸ポケット。よく見ると、3本のラインの両端が緩いカーブを描いているので、「V字形」というよりは「ガルウイング形」と呼ぶべきものかもしれません（清水谷高校同窓会館歴史資料室所蔵）

スカート

スカートは一般的なプリーツスカートです。プリーツの数は現在は二十四ですが、一九二四年（大正十三年）の制定時には十六でした。プリーツの入れ方は前箱襞《まえはこひだ》という形のもので、大阪の学校制服ではよく見られるものです。夏用と冬用では生地が違いますが、外観上ではほとんど差は認められません。

ネクタイ

スカーフと呼ばれることも多いパーツですが、清水谷では制服制定以来、ずっとネクタイと呼んできました。新入生はセーラー服を指定洋服店から購入しますが、三種のネクタイと校章のセットは学校の売店でしか買えません。三種のネクタイというのは、①冬服の普段用の青いネクタイ（蝶結びになった成形パーツ）、②夏服用の黒いネクタイ（蝶結びになった成形パーツ）、③冬服・式典用の長いホワイトのネクタイです。

ちなみに二〇一九年三月での販売価格は、青ネクタイ千六百四十五円、黒ネクタイ八百九十五円、白ネクタイ五百六十円でした。

写真186　スカート（清水谷高校同窓会館歴史資料室所蔵）

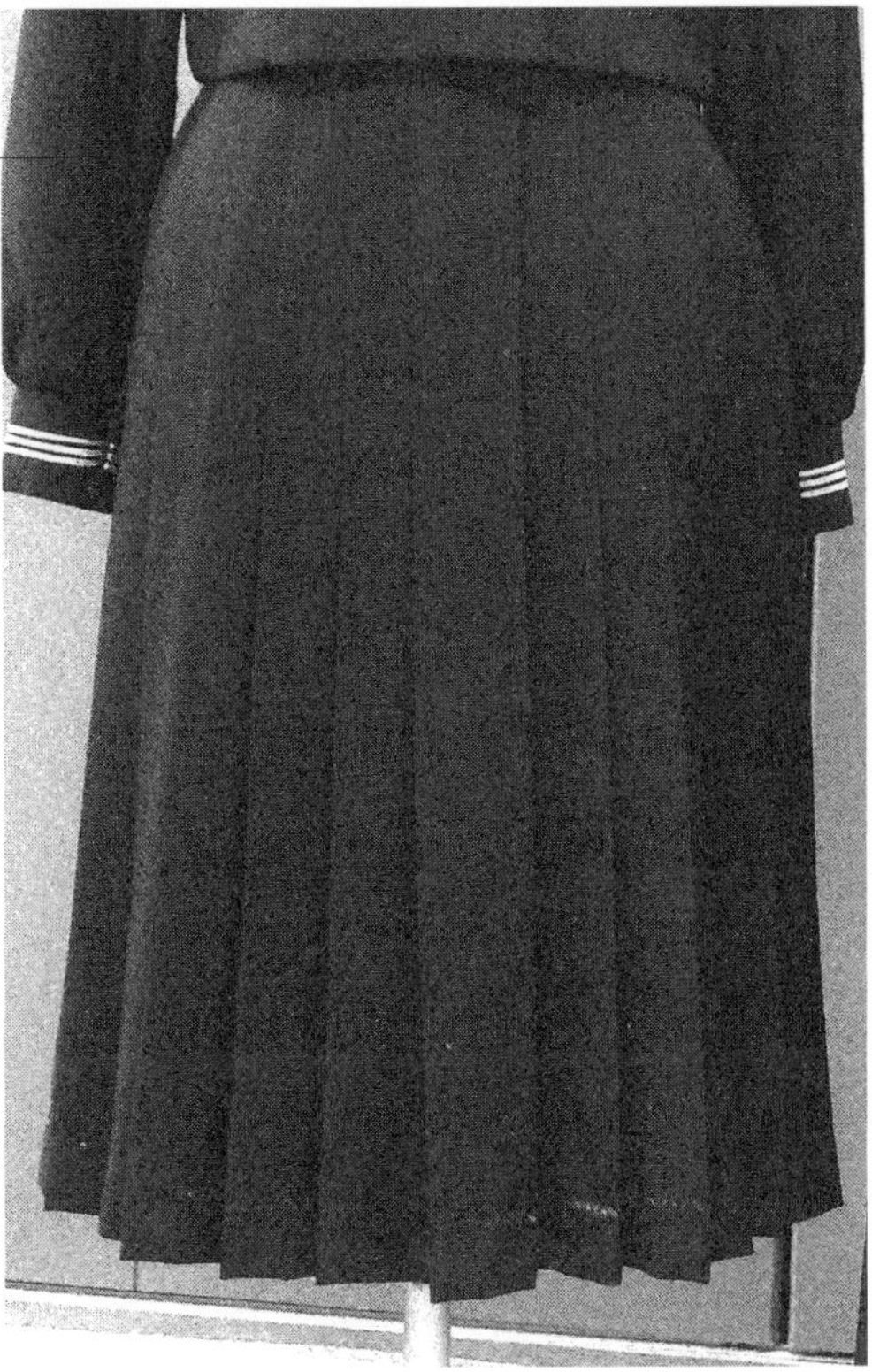

写真187　前箱襞のスカートの断面（上から見たところ）

写真189　冬服・式典用のネクタイ（清水谷高校同窓会館歴史資料室所蔵）

写真188　冬服・夏服の普段用のネクタイ（清水谷高校同窓会館歴史資料室所蔵）

2

販売店について

戦前の女学校のなかには、入学してくる新入生のセーラー服を在校生が縫って贈る習慣があったところもありますが、清水谷にはそのようなことはなかったようです。

販売店についても少し変遷がありましたので、少し触れておきます。

一九二三年（大正十二年）の制服制定の折は三越大阪店と白木屋大阪店という、堺筋に店を構える百貨店が担当しましたが、現在はどちらも大阪にはありません。白木屋は二七年（昭和七年）に大阪から撤退（のちに東急傘下になり、店舗消滅）、三越大阪店は九五年の阪神・淡路大震災によって店舗縮小した後、大阪から撤退しました。伊勢丹三越がＪＲ大阪駅に開店したのは二〇〇五年のことで、当時メールで尋ねたことがあるのですが、この店では学校制服は取り扱わず、担当者もすでにいないため、三越大阪店が過去に扱ったいくつかの学校制服についての継承がどのようにおこなわれたかは不明のままです。そうこうするうちに、伊勢丹三越という看板も消えて、現在はルクア１１００（LUCUA1100）という商業施設になりました。

現在は、あべのハルカス近鉄百貨店（阿倍野区）、シャモト（天王寺区）、制服のアダチ（鶴見区）の三店が清水谷高校の制服を扱っています。

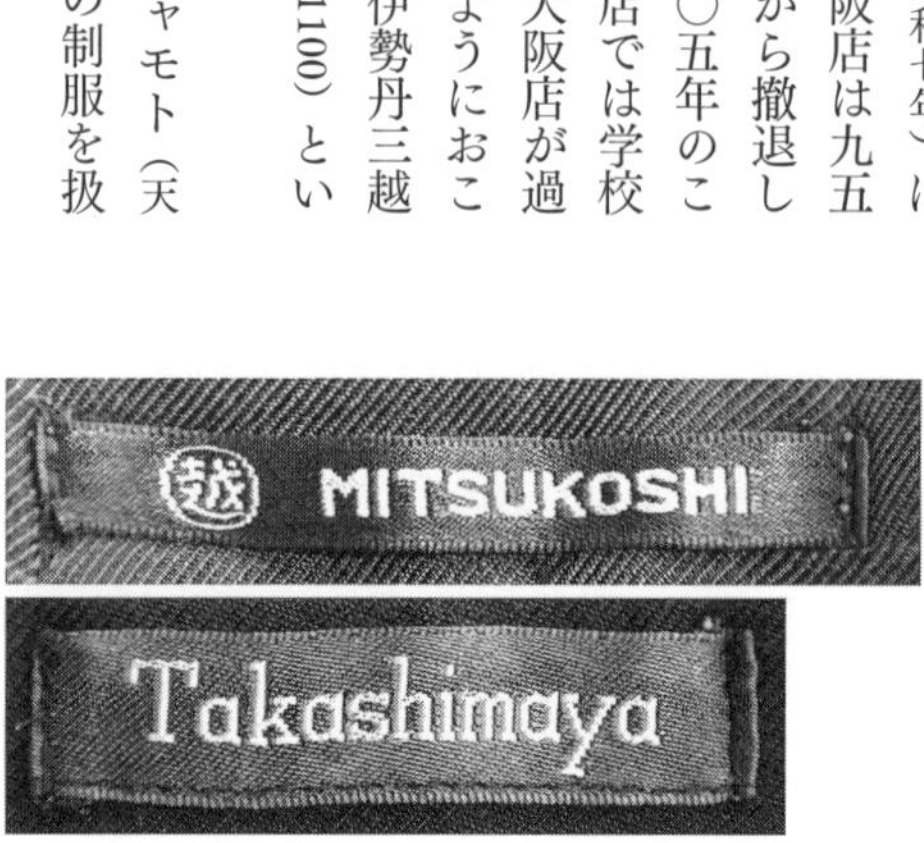

写真190　懐かしい三越と高島屋の織ネーム。両百貨店とも、すでに本校の制服販売店ではなくなりました。三越大阪店は大正以来の本校指定制服業者でしたが、1995年の阪神・淡路大震災の影響で高麗橋にあった大阪店を閉め、制服の取り扱いは完全になくなりました。高島屋大阪店は、白木屋大阪店撤退ののち指定校となり長い間制服の供給をしていましたが、2019年から指定を辞退しました

3
テレビや映画に登場した清水谷の制服

NHK朝の連続テレビ小説『走らんか！』

この番組は、一九九五年十月二日から九六年三月三十日まで放映されました。制作は大阪放送局です。舞台は九州の小倉でしたが、ロケ地に清水谷高校が使われ、出演する高校生役の女

写真191　番組のテレホンカード。中央が主役の三国一光、左は中江有里、左は菅野美穂（清水谷高校同窓会館歴史資料室所蔵）

写真192　菅野美穂
（出典：『朝の連続テレビ小説 走らんか！』〔NHKドラマ・ガイド〕、日本放送出版協会出版、1995年）

優は清水谷高校の制服を着用しました。
正確にいうと貸衣装業者所有のレプリカだったのですが、実際に制作を受注された制服縫製業者から話を聞く機会がありました。夏と冬、それぞれ六十着を納品したそうです。

写真193　菅野美穂はこのとき現役の高校生で、ロケ中に誕生日を迎え、スタッフから祝われたそうです（清水谷高校同窓会館歴史資料室所蔵）

写真194　中江有里（出典：前掲『朝の連続テレビ小説 走らんか！』）

写真195　岩崎ひろみ（清水谷高校同窓会館歴史資料室所蔵）

写真196　学校ロケのスケジュール表。表紙には校舎と楠が描かれています（清水谷高校同窓会館歴史資料室所蔵）

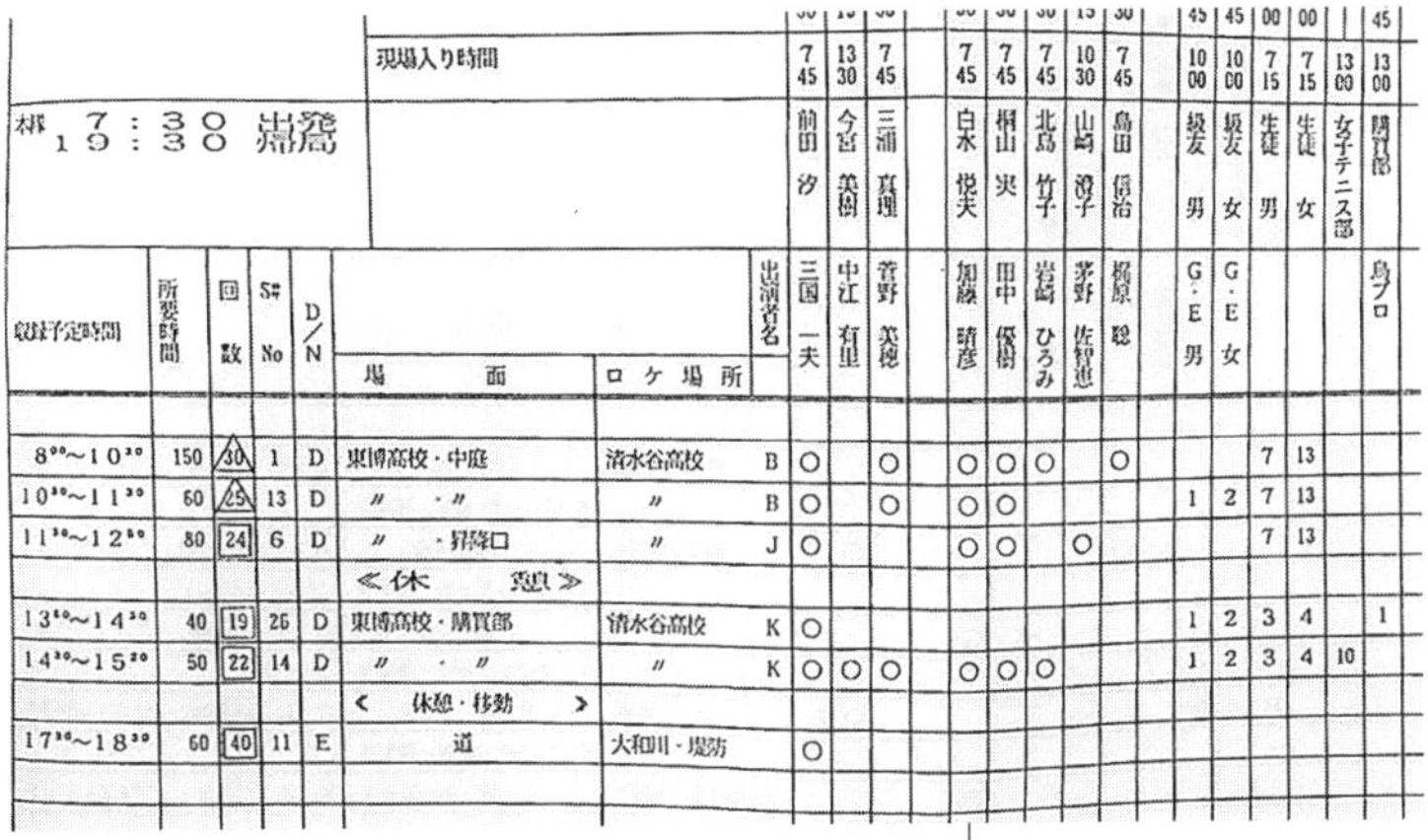

7:30 出発 19:30 帰着					現場入り時間			7 45	13 30	7 45		7 45	7 45	7 45	10 30	7 45		10 00	10 00	7 15	7 15	13 00	13 00
								前田 汐	今宮 美樹	三浦 真理		白水 悦夫	桐山 実	北島 竹子	山崎 澄子	島田 信治		級友 男	級友 女	生徒 男	生徒 女	女子テニス部	購買部
収録予定時間	所要時間	回数	S# No	D/N	場面	ロケ場所	出演者名	三国 一夫	中江 有里	菅野 美穂		加藤 晴彦	田中 優樹	岩崎 ひろみ	茅野 佐智恵	梶原 聡		G・E 男	G・E 女				島プロ
8^{00}〜10^{30}	150	30	1	D	東博高校・中庭	清水谷高校	B	○		○		○	○	○		○				7	13		
10^{30}〜11^{30}	60	25	13	D	〃　・〃	〃	B	○		○		○	○					1	2	7	13		
11^{30}〜12^{50}	80	24	6	D	〃　・昇降口	〃	J	○				○	○		○					7	13		
					≪休　　憩≫																		
13^{50}〜14^{30}	40	19	26	D	東博高校・購買部	清水谷高校	K	○										1	2	3	4		1
14^{30}〜15^{20}	50	22	14	D	〃　・〃	〃	K	○	○	○		○	○	○				1	2	3	4	10	
					＜　休憩・移動　＞																		
17^{30}〜18^{30}	60	40	11	E	道	大和川・堤防		○															

写真197　スケジュール表の1ページ（清水谷高校同窓会館歴史資料室所蔵）

写真198 『風のハルカ』の黒川芽以。ネクタイの用法が変えてあります（出典：「連続テレビ小説 風のハルカ」（NHKアーカイブス」〔https://www2.nhk.or.jp/archives/tv60bin/detail/index.cgi?das_id=D0009010522_00000〕［2020年6月24日アクセス］）

NHK朝の連続テレビ小説『風のハルカ』

二〇〇五年十月三日から〇六年四月一日まで放映されました。大阪放送局制作。

主人公の妹役の黒川芽以らが着用しました。

NHK朝の連続テレビ小説『てるてる家族』

二〇〇三年九月二十七日から〇四年三月二十七日まで放映されました。大阪放送局制作。

池田市に住むパン屋一家の話でしたが、四姉妹のうち三女役の上野樹里と四女役の石原さとみが中学生時代の制服として着用しています。襟カバーは付いていませんが、ポケットのV字形三本ラインで、清水谷のレプリカとわかります。

NHK朝の連続テレビ小説『カーネーション』

二〇一一年十月三日から一二年三月三十一日まで放映されました。大阪放送局制作。岸和田を舞台に、コシノ三姉妹を育てた母をモチーフにした物語です。長女役を新山千春、次女役を川崎亜沙美、三女役を安田美沙子がそれぞれ務め、清水谷レプリカのセーラー服を着用しています。

写真199 『てるてる家族』の秋子役・上野樹里
（出典：NHKドラマ制作編『連続テレビ小説 てるてる家族 総集編』〔NHKドラマ・ガイド〕、NHK出版、2003年）

写真200 『てるてる家族』の冬子役・石原さとみ
（出典：「連続テレビ小説 てるてる家族」「NHKアーカイブス」〔https://www2.nhk.or.jp/archives/jinbutsu/detail.cgi?das_id=D0009071186_00000〕［2020年6月30日アクセス］）

写真201 『カーネーション』の安田美沙子（左）と新山千春（右）
（出典：「安田美沙子オフィシャルブログMICHAEL（ミチャエル）」2011年12月6日〔https://ameblo.jp/misanna/entry-11099274 589.html〕［2020年5月22日アクセス］）

関西テレビ『だんらん』

二〇一三年一月四日に放送された単発ドラマです。NMB48のタレントが中学二年生の役で出演する際に、清水谷のセーラー服を着用しました。

写真202 『だんらん』の矢倉楓子
(『だんらん』関西テレビ、2013年)

映画『逆光の頃』

二〇一七年に封切られた、夏の京都を舞台にした青春映画で、小林啓一監督による作品です。

ヒロイン役の葵わかなが夏服を着用しています。教室のシーンでは、十五人ほどの高校生役がこの夏服を着ていました。

貸衣装屋に在庫があるかぎり、清水谷レプリカのセーラー服はまたどこかで使われることでしょう。これらの衣装を縫製した業者の話では、実際の制服と同じレベルで仕立ててあるということなので、簡易に作られたコスプレ衣装とは違って、今後十年以上は映像や舞台で使うことができるのではないでしょうか。

写真203・204 『逆光の頃』の葵わかな（『逆光の頃』監督：小林啓一、2017年）

第6章

清水谷の体操服

1 体操服の変遷

一八九〇年代後半頃から、わが国の大多数の女学校で袴の着用が普及したのは、生徒が裾の乱れを気にせずに通学や椅子への着席、また運動をおこなうためでした。

下肢は袴が、また同様に上肢は筒袖が採用され、それまでに比べると生徒の体の動きはずいぶん軽快になったものと思われます。

清水谷では、創立時の仮校舎から現在の清水谷の本校舎への移転とともに袴と筒袖の使用が始まったのですが、当初は、体操の授業もこの服装でおこなわれたようです。

一九一〇年代には、校友会籠球部（バスケットボール部）で、洋服による運動着を採用しています。上は「水夫式の上衣」、下はブルマーでした。

また、女学校時代にはテニスも盛んで、写真205のような和服・袴姿でのテニスは、一九二〇年代に入って洋服でおこなわれるようになってきました。

一般生徒の体操授業はしばらく着物と袴でおこなわれましたが、第3章「清水谷高等女学校の制服」第3節「体操服を制定」で述べたように、一九二三年の極東選手権大会に合わせて洋服による運動着が制定され、以後は和服での体操はなくなりました。

写真205　和服・袴姿のテニス、年代不詳（清水谷高校同窓会館歴史資料室所蔵）

写真206　なぎなたの授業（清水谷高校同窓会館歴史資料室所蔵）

写真207　体操の授業。1921年（大正10年）頃と思われます
（出典：『大阪府立清水谷高等女学校　大正十三年三月卒業記念帳』、清水谷高校同窓会館歴史資料室所蔵）

授業での体操服とは別に、部活動の運動服もありました。清水谷高女は、テニスとバスケットボールで全国に名を馳せました。まずテニスウエアを見ましょう。

写真208　セーラー服が制服になる前の、洋服姿での庭球部の装い（清水谷高校同窓会館歴史資料室所蔵）

写真209 1924年（大正13年）の体操服。これがおそらく、極東選手権大会に間に合わせるために大急ぎで制定された体操服だと思われます
（出典：『大阪府立清水谷高等女学校　大正十二年三月卒業記念写真帳』、清水谷高校同窓会館歴史資料室所蔵）

写真210　テニス大会での清水谷高女選手団。浜寺には大きなテニスコートがありました。田村式と呼ばれたワンピース形のテニスウエア。腕時計に白ストッキングも、当時としては高価であっただろう装いです。1920年代（清水谷高校同窓会館歴史資料室所蔵）

写真211　1927年（昭和2年）の全国女子中等学校庭球選手権大会で勝ち取った優勝旗と選手たち（清水谷高校同窓会館歴史資料室所蔵）

写真212・213　1928年（昭和3年）第１回全国中等学校籠球選手権大会でのバスケットボール選手。こちらも全国優勝したときの記念写真です。ユニフォームは、セーラー服をモチーフにしたもののようです。襟は何色だったのでしょうか。後ろ姿の写真がないのが残念です
（出典：『むつみ会　昭和六年三月』卒業アルバム、大阪府立清水谷高等女学校）

写真214　1935年（昭和10年）前後の体操服。半袖、前開きの白い上衣とブルマー、黒ストッキングの組み合わせがしばらく続きました（清水谷高校同窓会館歴史資料室所蔵）

写真215　1930年代の長袖の体操服。黒い長袖の上衣、ブルマー、黒ストッキングを着用し、体育館での授業を受けています（清水谷高校同窓会館歴史資料室所蔵）

部活動から、再び一般授業での体操服を見ていきましょう。上衣は、白の木綿のシャツで大方推移していますが、ブルマーは時代とともに変化しています。

写真217　戦時体制が強化されるなか、スカートとともにブルマーもモンペに取って代わられました。1945年（昭和20年）頃（清水谷高校同窓会館歴史資料室所蔵）

写真216　長袖の体操服。写真215と同じ上衣のようですが、ボトムスはブルマーではなくショートパンツで、ストッキングは着用せずハイソックスをはいています（清水谷高校同窓会館歴史資料室所蔵）

写真218　戦後の体操服。1949年体育祭の際の写真。ボトムスがモンペからブルマーに戻りました。ただ、ストッキング着用はなくなったようです（清水谷高校同窓会館歴史資料室所蔵）

写真219　1961年卒業アルバムから。バレー部。この頃から、一部の体育系クラブのユニフォームは、ブルマーが小さくなってきました。ただ、肌に密着するタイプではなく、ふんわりしたものだったようです
（出典：『大阪府立清水谷高等学校第13期生　昭和36年卒業記念』卒業アルバム、清水谷高校同窓会館歴史資料室所蔵）

写真220　1968年、体育祭。一般の体操服のブルマーが体に密着した小さいものに変わってきました。この時期からブルマーは肌に密着した小さなものになっていきますが、今日では問題になりそうな体操服です。東京オリンピックで報じられた女子バレーのユニフォームが影響したという説があります。この写真では、一部の女子は恥じらいのためか、黒っぽいスカートを重ね履きしています
（出典：『大阪府立清水谷高等学校 第十九期卒業記念』卒業アルバム）

写真221　しばらくこのタイプのブルマーが続きます。この時代、日本中の中学校と高校で、このような体操服でした。
（出典：『大阪府立清水谷高等学校'93』卒業アルバム）

写真222　1996年の体育祭。ブルマーからショートパンツに変更されました
（出典：『大阪府立清水谷高等学校第49期生'97』卒業アルバム）

写真223　黒のショートパンツがしばらく続きます
（出典：『大阪府立清水谷高等学校第52期生2000年』卒業アルバム）

写真224　2003年度入学生徒から、このタイプのハーフパンツになりました。以前から冬季用のジャージについては学年色が指定されていましたが、ハーフパンツもこれに合わせるようになりました。最初の年は青緑色で、現在に至ります。ちなみに男子のハーフパンツも、見た目では女子用とほとんど変わらないものです
（出典：『大阪府立清水谷高等学校第58期生2006年』卒業記念アルバム）

写真225　ハーフパンツの丈の長さはこれぐらいあります
（出典：『2018年大阪府立清水谷高等学校第70期生』卒業アルバム）

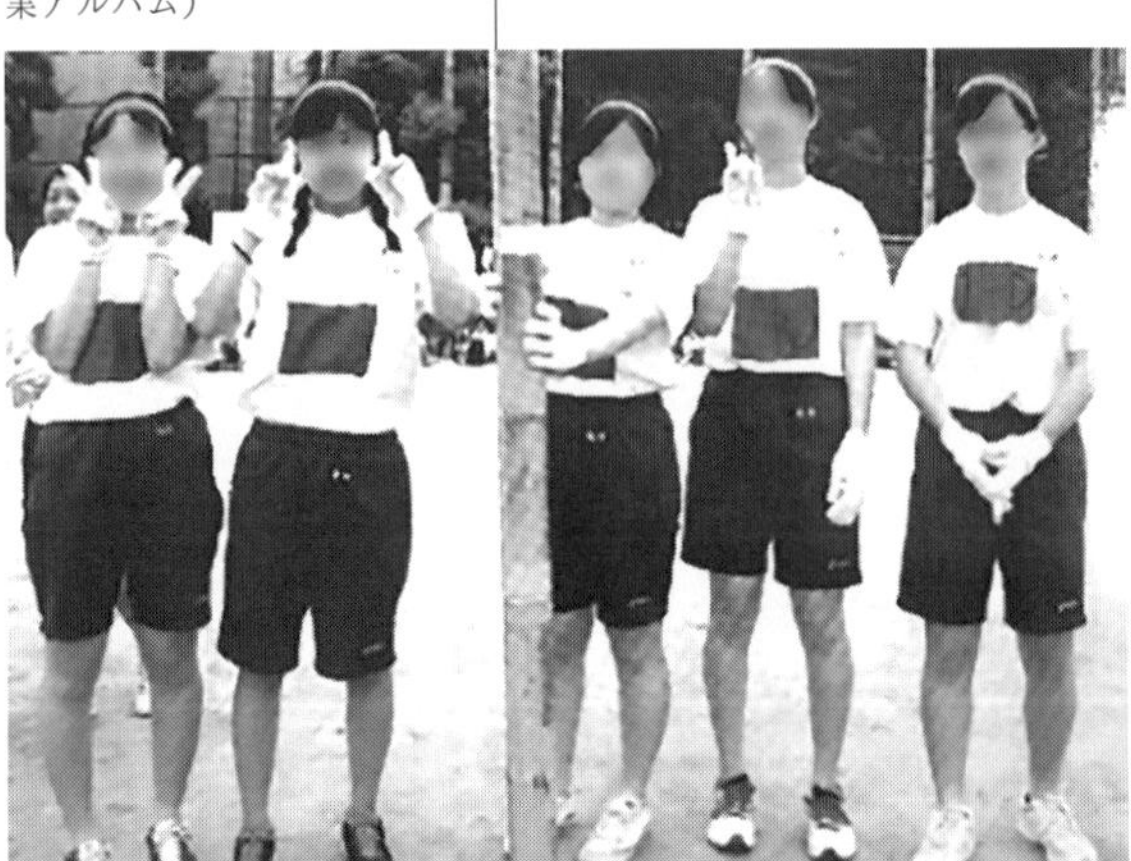

写真226　高女時代の水着。1930年代初期、大阪府下の女学校の多くが、浜寺や諏訪ノ森の海水浴場で臨海授業をおこないました。大手前高女や夕陽丘高女でも同様の写真が残っています（清水谷高校同窓会館歴史資料室所蔵）

2 水着について

多くの高女で、海水浴がレクリエーションの一環としておこなわれました。しかし、大多数の高女にはプールがなく、体育の授業をすることができませんでした。清水谷高女でも同様でしたが、部活動として校外のプールで練習をしていた生徒もいます。

しかし、戦争が激しくなると、臨海授業で使用する水着の入手にはたいへんな苦労を伴うようになり、生徒の家庭で手持ちの衣服を改造するなどして、ようやく参加していたということです。

写真227　高女時代の水泳部の水着。一般の生徒が学校行事で水着を着るのはプールがない時代には臨海授業しかありませんでしたが、部活動で校外のプールに出向いて練習していた選手はデザインが違う水着を着用していたようで、1970年代のスクール水着と変わらないものに見えます。この写真はどのプールで撮られたか不明ですが、32年（昭和7年）のロサンゼルスオリンピックに飛び込みで出場して6位入賞を果たした清水谷高女生・鎌倉悦子は、茨木中学（現在の茨木高等学校）のプールに練習に通っていたそうです（清水谷高校同窓会館歴史資料室所蔵）

写真228　1970年代の卒業アルバムにみられる水着
（出典：『第22回卒業記念　昭和45年3月　大阪府立清水谷高等学校』卒業アルバム）

戦後、共学化されてもしばらくは、清水谷高校にはプールがありませんでした。一九六六年にようやくプールができ、校内での水泳授業がおこなわれるようになります。また、学校全体の行事として水泳の競技会が毎年開かれるようになり、水泳部も本格的に活動していきます。当時の一般授業用の水着がどのようなものだったのか同窓会資料にあたってみたのですが、ほとんど写真が見つかりませんでした。やはり水着という性格上、写真を撮ることが極端に少なかったのではないかと思われます。

そのなかで、小さなものですが、一九七〇年の卒業アルバムに水泳大会の写真が掲載されています。水着についての詳細は不明ですが、当時の標準的なスクール水着のように見受けられます。特に、学校のマークなどは印刷されていないようです。

終章

制服の今後について

1 大阪府下の高校に残るセーラー服

戦前の高等女学校のほとんどが制服としていたセーラー服でしたが、現在では少数派になっています。

府立高校

府立高校では、少子化によって統廃合が繰り返しおこなわれていて、その結果として新たに設立された高校では、制服も新しいものになっています。府立泉南高校と八尾東高校では、廃校と同時に特色があるセーラー服が消失しました。

いま残っている学校は、①戦前の高等女学校の流れを汲む高校、②茨木高校のように新制高校に

学校名	冬服	夏服	種別	備考
清水谷高校	セーラー	セーラー	制服	旧制高等女学校
夕陽丘高校	セーラー	セーラー	標準服	旧制高等女学校
泉陽高校	セーラー	ブラウス	制服	旧制高等女学校
茨木高校	セーラー	セーラー	制服	旧制中等学校
八尾高校	セーラー	ブラウス	標準服	旧制中等学校
山本高校	セーラー	セーラー	標準服	旧制高等女学校
富田林高校	セーラー	セーラー	標準服	旧制中等学校
佐野高校	セーラー	セーラー	制服	旧制高等女学校

なる際に男女交流によって旧制高等女学校から持ち込まれた制服をもとにしたセーラー服を温存している高校の二つのタイプがありますが、合算してもわずかに八校です。

また、制服ではなく標準服としている府立高校の多くでは、生徒の大多数が私服で通学していて、式典や文化部の発表など公式の場以外での標準服を目にすることは少なくなっています。

私立高校

大阪府内の私立高校ではここ数年、生き残り策として、女子校・男子校の共学化が盛んにおこなわれ、また、中高一貫校になった高校も増えてきました。そのタイミングで「かわいい制服」を採用して、学校のイメージチェンジを図ろうとする動きが顕著になっています。伝統的なセーラー服を制服とする私立高校は急激に減ってしまい、七校を数えるだけです。

そのなかで信愛学院は夏服の選択肢に伝統的なセーラー服を復活させたことは特筆に値するでしょう。

学校名	冬服	夏服	備考
プール学院高校	セーラー	セーラーブラウス	女子校
明浄学院高校	セーラー	セーラー	女子校
大阪信愛学院高校	ボレロ	セーラー	女子校 夏服にはブラウスも選択可
樟蔭高校	セーラー	セーラー	女子校
大阪成蹊女子高校	ブレザー	セーラー	女子校
金蘭会高校	セーラー	セーラー（長袖）	女子校 校内だけ着用の盛夏服（半袖ブラウス）あり

2 清水谷は創立百二十年

さて、清水谷高校は二〇二一年、その前身である府立清水谷高等女学校の創立から百二十年になります。いわゆる伝統校の範疇に入ると思われますが、現在では少子化と公立高校減らしという試練を乗り越えられなければ、廃校や統合の対象校にされかねません。

上町台地の北から、大手前、清水谷、高津、夕陽丘、天王寺、阿倍野、住吉と続く旧制中学・高等女学校の流れを汲む府立高校。いずれも、マンション用地にするには超一等地です。デベロッパーはのどから手が出るほどほしがっているにちがいありません。

これまでは、主に郊外の高校が統廃合の対象でしたが、大阪市内中心部も危なくなってきました。二〇二四年には、大阪市立の高等学校二十一校が府に無償譲渡されることになっています。そうなると、統廃合がさらに進む可能性が高くなります。

清水谷を存続させるためには、まず学校の質を高め、入学志望者を安定的に確保して、定員割れにならないように努めていくことが肝要です。いままで以上に、優秀な生徒を他の高校と取り合いをしなければならなくなってきたのです。そのためには、進学成績の向上とともに、学校の特徴をアピールしていくことも大事になります。

大阪府では、公立高校の学区制が撤廃されたことによって、これまで通えなかった地域からの入学が可能になりました。また、入試時の男女比率もなくなっています。それらが追い風になって、いま清水谷高校は、女子生徒が男子を大幅に上回る人数で在籍しています。なかには、母や祖母が卒業生といった家庭の子女も含まれていることと思います。男子生徒はともかくとして、女子生徒のほとんどは、セーラー服が好きなのではないでしょうか。

もちろん、これだけでなんとかなるわけではありません。しかしながら、清水谷ブルーと呼ばれる制服の襟の色を掲げて、明治からの高等女学校を継ぐ伝統校であることを広めていくこ

写真229　文化祭当日、PTAバザーで販売されたキーホルダー（清水谷高校同窓会館歴史資料室所蔵）

写真230・231　同窓会が企画・販売した創立110周年記念の携帯ストラップ（清水谷高校同窓会館歴史資料室所蔵）

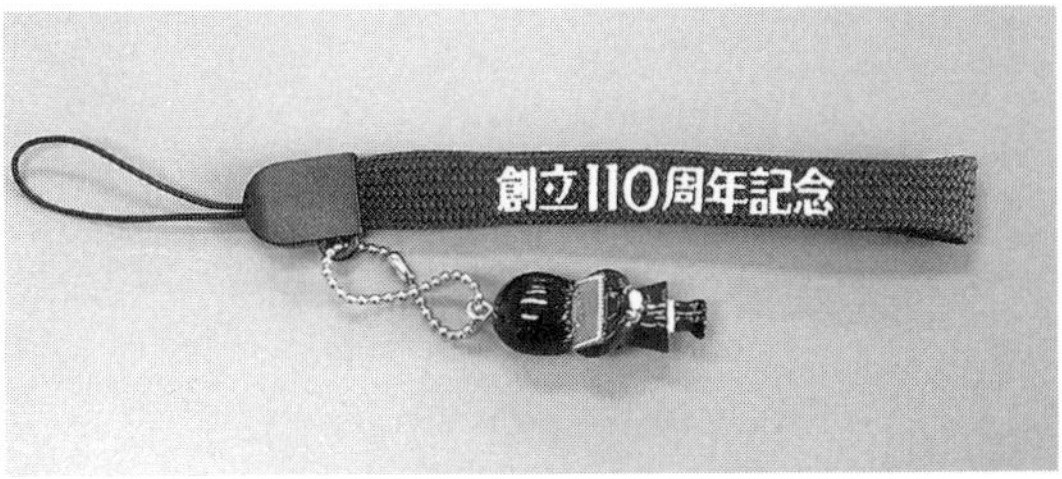

写真232　同窓会が企画・販売したマフラータオル2種（清水谷高校同窓会館歴史資料室所蔵）

とによって、この厳しい時代に学校の格を上げていくことも可能なのではないでしょうか。学校としては、なかなか腰が上がらないこととは思いますが、同窓会やPTAが記念グッズを作ったりしているのは、好ましいことだと思っています。

参考文献

●内田静枝編著『セーラー服と女学生――100年ずっと愛された、その秘密』（らんぷの本、mascot）、河出書房新社、二〇一八年

●内田静枝編著、森伸之監修『ニッポン制服百年史――女学生服がポップカルチャーになった！』（らんぷの本、mascot）、河出書房新社、二〇一九年

●大阪府立清友高等学校50周年記念事業実行委員会記念誌委員会編『はばたく清友50年――創立50年の歩み』大阪府立清友高等学校、一九九〇年

●大阪府立泉陽高等学校記念誌編集委員会編著『泉陽高校百年』大阪府立泉陽高等学校創立百周年記念事業実行委員会、二〇〇一年

●刑部芳則「日中戦争と太平洋戦争における高等女学校の制服――セーラー服と文部省標準服」「総合文化研究」第二十四巻第一・二・三号合併号、日本大学商学部、二〇一九年（https://www.bus.nihon-u.ac.jp/wp-content/uploads/2019/08/23-1-2-3_OsakabeYoshinori.pdf［二〇二〇年六月二十日アクセス］）

●大阪府立清水谷高等学校百周年記念事業実行委員会記念誌委員会編『清水谷百年史』大阪府立清水谷高等学校百周年記念事業実行委員会、二〇〇一年

●東京女学館百年史編集委員会編『東京女学館百年小史』東京女学館、一九八八年

●難波知子『学校制服の文化史――日本近代における女子生徒服装の変遷』創元社、二〇一二年

●創立80周年記念誌編集委員会編『創立80周年記念誌』明浄学院、二〇〇一年

●ノーベル書房編集部編『思い出の高等女学校――記録写真集』ノーベル書房、一九八七年

●山本雄二『ブルマーの謎――〈女子の身体〉と戦後日本』青弓社、二〇一六年

●“The Vintage Traveler”（https://thevintagetraveler.wordpress.com/tag/lombard-middy-brouse/）［二〇二〇年五月十二日アクセス］

あとがき

　さて、清水谷高等学校の卒業生である筆者が現役高校生だった頃には、周囲にあふれかえる女子の制服に対しては正直「見飽きた」という思いしかありませんでした。

　そんな筆者が卒業後数十年を経て母校のセーラー服に関心をもつようになったのは、以下のようなきっかけがありました。

　二〇〇一年のことですが、創立百周年の記念式典のときに記念講演をされた卒業生の天文学者・磯部琇三氏(1)が、講演の最後に「今日は、久しぶりに現役の生徒さんのセーラー服の青い襟が見られることを楽しみに東京から来ましたが、式典のコーディネート(2)のため見ることができず残念です」というようなことを言われたのです。実に残念そうにしていたので、「え？　そんなものを東京から楽しみにって何？」と思いました。セーラー服ぐらいどこにでもあるでしょうに。青い襟なんて、珍しくもないでしょうに……。ただ、そういえば東京にいた学生時代、たしかに清水谷のような青い襟のセーラー服は見なかったかな？　それに東京のセーラー服は襟が異常に小さくて、違和感があったなぁ……ということにも思い至ったのです。この引っかかりが、筆者の興味をセーラー服に向かわせたのでした。

　まず、青い襟。大阪ではあちこちで見かけるので何の新鮮味もなかったのですが、ネットで制服の写真を見ていくとたしかに非常に偏った分布になっていて、大阪府のほかには熊本県と大分県にまとまって存在しているものの、そのほかの都道府県には非常に数が少ないことがわかりました。

　また、襟の大きさについても、大阪で多く見られるセーラーカラーは名古屋以西のものであって、関東から東ではかなり少数派であることもわかってきました。

そういうネットによる知識に加え、母校の記念誌を入手して歴史的経緯を知ることもできたので、一度自分なりにまとめてみようと、「制服の研究」と題するウェブサイトを立ち上げました。

ここまでは勝手にやってきたのですが、同窓会からどう思われるだろうかと少し心配になってきました。また、同窓会館の歴史資料室の資料にも手を広げたくなってきたので、同窓会事務局を訪ねて自分のウェブサイトについて説明しました。「やめてほしい」「不都合がある」と言われても仕方がないと思っていたのに、「これはうれしい」「ありがたい」と非常に喜ばれました。さらにしばらくして、同窓会事務局から会報「清友」にこれを連載してほしいと電話をいただきました。そして、年に一回発行される会報の一ページを割いて「制服の研究」を執筆することになりました。二〇二〇年度の記事で連載は六回目を数えます。

さて、筆者のウェブサイトを見たという電話が青弓社からかかってきたのは二〇一八年の春のことでした。「ウェブサイトの内容を本にしたい」という話だったので驚きましたが、話をするうちに、このようなものにも多少の意義があるのであればと考え、引き受けることにしました。

ただ、筆者の本業である損害保険代理店業が近年の地震や巨大台風による被害で非常に忙しくなってしまい、執筆の時間がとれなくなってしまったことや自身の健康の問題もあって原稿が大幅に遅れてしまい、青弓社にはご迷惑をかけてしまうことになりました。この場を借りておわびいたします。

本書の資料のほとんどは、清水谷高校同窓会館歴史資料室から得たものです。創立以来の膨大な資料を保管・整理し続けてきた諸先輩方のおかげで、貴重な情報を得ることができました。資料閲覧に便宜を図っていただきました同窓会事務局の厚見様にはたいへんお世話になりました。また、創立百周年を記念して編纂された『清水谷百年史』という本のおかげで、道に迷うことなく進んでくることができました。執筆された先生方に二十年もたってからで申し訳ないのですが、お礼を申し上げます。

あわせて、取材にご協力いただきました有限会社いまじ様、制服のアダチ様にもこの場を借りてお礼を申し上げます。

セーラー服は軍国主義の象徴ではありません。世界的に流行したかわいい子ども服が、大正時代の日本で女学生の制服に採用されたのです。

セーラー服は戦時体制にはまったく向いていませんでした。生地を無駄に使うとして、時局に合わない非国民の服装と批判されました。国は文部省標準服という国民服を定め、セーラー服の新調を禁じました。それに乗じて、一部の国粋主義者はセーラー服を着用する女学生を迫害するまでに及びました。

長く苦しい戦争が終わり、平和とともにセーラー服が復活しました。

セーラー服は平和の象徴だったのです。

注

(1) 天文学者・磯部琇三氏（一九四二—二〇〇六）。日本スペースガード協会初代理事長

(2) 清水谷高校のセーラー服は、普段は青い襟カバーとネクタイを装着しますが、式典の際には襟カバーを外して、ネクタイも純白のものに取り換えます。

［著者略歴］
井上 晃（いのうえ あきら）

1956年、大阪府生まれ
1972年に大阪府立清水谷高校に入学し、その後、日本大学芸術学部写真学科卒業
服飾デザイン業を経て、現在は損害保険代理店に勤務
「はたらくくるま」シリーズ（講談社）で写真を担当

セーラー服《ふく》の社会史《しゃかいし》
大阪府立清水谷高等女学校を中心に

発行 ―――― 2020年8月27日　第1刷
定価 ―――― 2000円＋税
著者 ―――― 井上 晃
発行者 ――― 矢野恵二
発行所 ――― 株式会社青弓社
〒162-0801 東京都新宿区山吹町337
電話 03-3268-0381（代）
http://www.seikyusha.co.jp
印刷所 ――― 三松堂
製本所 ――― 三松堂

ISBN978-4-7872-2088-2　C0021